AF890861

Lösungen

zum

Staats- und verwaltungs-rechtlichen Praktikum

von

Dr. jur. Albert Baer.

Berlin 1913.
J. Guttentag, Verlagsbuchhandlung,
G. m. b. H.

Vorwort.

Einer Anregung der Kritik folgend gebe ich in dem vorliegenden Bändchen kurzgefaßte Lösungen zu den Aufgaben meines Praktikums.

Die Lösungen geben nur das Notwendigste, denn sie sollen die eigene Arbeit nicht ersetzen, sondern fruchtbringender gestalten.

Ich empfehle dringend, die zitierte Literatur nachzuschlagen; es wird aus ihr zu ersehen sein, wieviel über die aufgeworfenen Fragen zu sagen ist.

Der Benutzer des Praktikums möge so verfahren: Zuerst die gestellte Aufgabe selbst lösen, dann die Lösung vergleichen und zu ihr Stellung nehmen mit der Überlegung, wieviel noch hinzugefügt werden kann und schließlich die zitierte Literatur nachschlagen.

Die seit Erscheinen des Praktikums ergangene Verfügung des Justizministers vom 3. Juli 1912 über die eingehende Prüfung des Staats- und Verwaltungsrechtes im Referendarexamen wird die Beschäftigung mit diesen Materien noch steigern. Das vorliegende Bändchen wird daher den Kandidaten willkommen sein.

Abkürzungen.

Meyer-Anschütz: Lehrbuch des deutschen Staatsrechtes. Leipzig.

Arndt (bei Reichsverfassung): Verfassungsurkunde des Deutschen Reiches. Berlin, Guttentag.

Arndt (bei der preußischen Verfassung): Verfassungsurkunde für den preußischen Staat. Berlin, Guttentag.

Stier-Somlo: Sammlung preußischer Gesetze staats- und verwaltungsrechtlichen Inhalts. München, Beck.

Sartorius: Sammlung von Reichsgesetzen staats- und verwaltungsrechtlichen Inhalts. München, Beck.

Liszt: Lehrbuch des deutschen Strafrechts. Berlin, Guttentag.

Die Gesetzesabkürzungen sind die üblichen. Erwähnt seien:

RV. = Reichsverfassung.
PV. = preußische Verfassung.
LVG. = Landesverwaltungsgesetz.
AG. = Ausführungsgesetz.
FGG. = Reichsgesetz über die Angelegenheiten der freiwilligen Gerichtsbarkeit.

Entscheidungen:

RGZ. = Entscheidungen des Reichsgerichts in Zivilsachen
RGSt. = Entscheidungen des Reichsgerichts in Strafsachen
OVG. = Entscheidungen des Oberverwaltungsgerichts
KG. = Entscheidungen des Kammergerichts

alle nach Band und Seite.

I. Reichsverfassung und Wahlgesetz.

1.

Die Aufnahme einer schweizerischen Stadt und die Abgabe eines badischen Ortes wäre eine Veränderung des Art. 1, also eine Änderung der Verfassung. Daher wäre gemäß Art. 78 Abs. 1 ein Gesetz erforderlich. Das Recht auf das Gebiet aber, den status quo des Eintritts in das Deutsche Reich, ist ein jus singulare jedes Bundesstaats, daher ist nach Art. 78 Abs. 2 Badens Einwilligung erforderlich. — Baden kann weder freiwillig austreten, noch ausgeschlossen werden, denn sein Gebiet gehört nach Art. 1 zum Reiche. Art. 1 kann nur mit seiner Zustimmung geändert werden und dann nur im Wege der Gesetzgebung, also durch Übereinstimmung von Bundesrat und Reichstag (Art. 5). Der Eintritt der Schweiz ist nicht ausgeschlossen; dazu wäre ebenfalls ein Gesetz erforderlich (streitig). Bei einem Friedensschluß wäre gemäß Art. 11 Badens Einwilligung nicht erforderlich; aus dem Recht des Kaisers, selbständig Frieden zu schließen, ergibt sich auch sein Recht, ohne jede Zustimmung Gebietsteile abzutreten. (Arndt, Art. 1, 11, 78.)

2.

In der Fassung selbst sind die Staaten nur mit Namen aufgeführt, ohne Rangstufen, so in Art. 1 und 6; Rangstufen finden sich nur in der Präambel, dort ist als Vertragschließender der „Großherzog" von Hessen genannt. Die Annahme des Königstitels kann daher keine Änderung der Verfassung sein. Man kann auch nicht annehmen, daß Art. 1 geändert wird, der das Bundesgebiet enthält. Daher ist eine Genehmigung des Reiches durch Gesetz oder des Bundesrates allein nicht erforderlich. Die Titeländerung ist ein interner staatsrechtlicher Vorgang des betr. Bundesstaates, der seine Stellung zum Reich keineswegs ändert.

3.

In Art. 2 ist ausdrücklich erwähnt, daß Reichsgesetze ihre verbindliche Kraft nur durch Publikation im Reichsgesetzblatt enthalten. Jedoch werden gewöhnlich Verordnungen, die Gesetze ausführen sollen, im „Zentralblatt für das Deutsche Reich" veröffentlicht. (Das Zentralblatt wird infolge eines Bundesratsbeschlusses durch das Reichsamt des Innern herausgegeben.) Diese Veröffentlichung ist somit als rechtlich bindend anzusehen. K. beruft sich ja auch letzthin auf das Gesetz von 1906 selbst. Die Verordnungen auf Grund eines Gesetzes unterscheiden sich von gewöhnlichen Verwaltungsnormen d. h. Dienstanordnungen für die Behörden und haben daher allgemeine Geltung. K. ist im Recht. (Arndt, Art. 2, ERZ. 48, 84.)

4.

Die Bundesstaaten, die zum Deutschen Reich gehören, sind im Prinzip gleichberechtigt. Über ihre Rechte vgl. Einzelthemata 5. Preußen ist wegen seiner Bedeutung für das Zustandekommen des Deutschen Reiches und seiner Größe besonders bevorzugt. Es hat 17 Stimmen im Bundesrat, soviel wie Bayern, Sachsen, Württemberg, Baden zusammen (Art. 6) und kann auch jede Verfassungsänderung hindern (Art. 78 Abs. 1). Vgl. Gesetz über die Verfassung Elsaß-Lothringens vom 31. Mai 1911 Art I (Sartorius Nachtrag). In gewissen Dingen gibt Preußen den Ausschlag (Art. 5); vgl. noch Art. 15. Preußens hervorragende Stellung kommt auch darin zum Ausdruck, daß der Leiter der Geschäfte des Reiches, der Reichskanzler, zugleich der Leiter der Geschäfte Preußens als preußischer Ministerpräsident ist (Fall 6). Preußen ist primus inter pares, hat aber die bevorzugte Stellung jedes primus. So sind die Worte des Reichskanzlers auch nur gemeint und daher kein Verstoß gegen die Verfassung. (Arndt, Preußische Verfassung. Einleitung.)

5.

Die Vertreter der Mitglieder des Bundesrats, die Bevollmächtigten zum Bundesrat, stimmen nicht nach eigener Anschauung, sondern nach Instruktion ab. (Vgl. Art. 7. „nicht instruierte Stimmen werden nicht gezählt." Art. 6: „die Stimmen müssen einheitlich abgegeben werden.") Diese Instruktion ist aber eine innere Angelegenheit zwischen dem Bundesstaat und seinem Bevollmächtigten; sie gilt, wie sie abgegeben ist. Unerheblich ist für die Abstimmung die Instruktion oder Vorschriften des Landesrechts über ihre Abgabe (streitig.) Preußen ist nicht im Recht. (Arndt, Art. 6.)

6.

Art. 15. Die Ausführungen Bismarcks werden allgemein für staatsrechtlich unzutreffend gehalten. 1. Leitung der Geschäfte kann nur haben, wer überhaupt Geschäfte besorgen kann, d. h. wer Mitglied ist. 2. Abs. 2 des Art. 15 sagt „jedes andere Mitglied". 3. Das Recht auf den Vorsitz ist ein Ausfluß des preußischen Staats als Präsidialmacht. Preußen ist aber nur durch seine Bevollmächtigten im Bundesrat vertreten.

Der Kaiser ernennt den „Reichskanzler"; er sendet ihn in den Bundesrat als König von Preußen, ebenso die anderen Bevollmächtigten (außerdem ev. noch 16, Art. 6 Abs. 2; insbesondere die Staatssekretäre), der Kaiser als solcher hat nicht das Recht zur Ernennung. (Arndt, Art. 15.)

7.

Es ist fraglich, ob § 196 oder 197 StGB. zur Anwendung kommt; d. h. ob der Bundesrat eine Behörde oder eine gesetzgebende Versammlung des Reichs ist. Das letzte trifft zu; parlamentarischer Charakter ist nicht erforderlich. Daher ist ein Antrag nicht nötig. Der Reichskanzler führt den Vorsitz im Bundesrat, ist aber nicht dessen Vorgesetzter mit besonderen Rechten. Daß Beschlüsse des Bundesrates seiner Gegenzeichnung bedürfen, ist nirgends in der Verfassung gesagt. Der Bundesrat kann als solcher beleidigt werden, er ist eine

Gesamtheit, die von ihren Mitgliedern unabhängig ist. Die Instruktion ist ein internum (Fall 5). Nach außen stimmen die Bundesratsmitglieder selbständig. Die Beleidigung kann sie treffen. (Arndt III, RGSt. 7, 382.)

8.

Gesetz betr. die Bestrafung der Majestätsbeleidigung vom 17. Februar 1908. Das Tatsächliche des Inhaltes der Einwendungen ist richtig. Doch ist die Thronrede als Willensäußerung anzusehen, wenn sie auch in Übereinstimmung mit dem Willen der verbündeten Regierungen abgefaßt ist, und wenn auch der Reichskanzler nach Art. 17 für diese, wie für jede andere Willensäußerung des Kaisers die Verantwortlichkeit zu tragen hat. Ihre Form ist die persönliche. Der Redakteur befand sich in einem staatsrechtlichen Irrtum. Ob ihm dieser nach § 59 StGB. zugute kommt, kann zweifelhaft sein. Man wird aber wohl Strafbarkeit anzunehmen haben. (RGSt. 32, 236.)

9.

Verordnungen sind allgemeine Anordnungen mit rechtsverbindlichem Inhalt, die von dem Träger der Souveränität, dem Monarch im Einzelstaat, dem Bundesrate im Reich erlassen werden, ohne die Mitwirkung anderer gesetzgebender Faktoren. (Definition der „Rechtsverordnung"; davon zu unterscheiden die „Verwaltungsverordnung".) Diese Rechtsverordnungen können, da sie in die Rechte der Untertanen eingreifen, im Prinzip im Reich nur auf Grund eines Gesetzes erlassen werden. Das Gesetz enthält die Anordnung darüber, wem der Erlaß von Verordnungen zusteht, ob dem Bundesrat, dem Kaiser usw. Fehlt eine solche Bestimmung, so steht nach Art 7 Nr. 2 dies Recht („allgemeine Verwaltungsvorschriften") dem Bundesrate zu, dem Kaiser also nur auf Grund gesetzlicher Bestimmung, z. B. Art. 53, 63. Die vorliegende Verordnung wie die zweite Verordnung sind eigentlich vom Bundesrat erlassen; da sie aber sich gegen das Ausland wenden, so hat sie der Kaiser (nach Zustimmung) erlassen, denn ihm steht nach Art. 11 die völkerrechtliche Vertretungsbefugnis des Reiches zu. Da der Bundesrat ja nur die Vertretung der Regierungen ist, so können auch diese selbst einen Beschluß fassen, daher heißt es in der ersten Verordnung: „Bundesregierungen"; ein Unterschied zwischen dieser und der zweiten besteht nicht. (Arndt, Art. 7, 11; Meyer-Anschütz, §§ 165, 159.)

10.

Die Reichsverfassung erwähnt über die Frage der Stellvertretung des Kaisers als solchem nichts. Das Präsidium steht dem König von Preußen zu, daher kommen die preußischen Vorschriften zur Anwendung (Art. 11). Vgl. das Nähere: Preußische Verfassung, Fall 8 und Einzelthemata daselbst Nr. 5. In welchem Umfang der vom preußischen König bestellte Stellvertreter die Kaiserwürde ausübt, hängt von dem Inhalt der Bestellung ab. Die Bestellung für das Reich ist ein Regierungsakt des Kaisers, die Gegenzeichnung des Reichskanzlers ist daher erforderlich (Art. 17), dagegen nicht die Unterschrift der preußischen Minister, die wohl geschehen ist, weil es sich um einen im wesentlichen preußischen Staatsakt handelt. Daß die Anordnungen des Kaisers im Reichsgesetzblatt veröffentlicht werden müssen, ist nirgends gesagt (Art. 2 spricht nur von Gesetzen), ist aber für die Verlautbarung wohl selbstverständlich. (Arndt, Art. 11.)

11.

Vgl. das Reichsgesetz, betr. die Stellvertretung des Reichskanzlers vom 17. März 1878 (Sartorius, S. 206). Der Stellvertreter des Reichskanzlers für das Reichsamt des Innern ist der Staatssekretär des Innern (§ 2). Das Gesetz selbst sagt nicht mit Deutlichkeit, ob der Generalstellvertreter und die Ressortstellvertreter selbständig politisch verantwortlich sind, doch ist dies zu bejahen, sicherlich ist es Praxis, wie die Antwort des Reichskanzlers ergibt. Mit der Verantwortlichkeit ist die Pflicht zum Erscheinen im Reichstag verbunden, obwohl es auch an einer direkten Bestimmung hierfür fehlt. Vielmehr sind der Reichskanzler und Staatssekretär als Bevollmächtigte zum Bundesrat nach Art. 9 nur berechtigt, zu erscheinen, aber nicht verpflichtet. Nimmt man die Verantwortlichkeit des Vertreters überhaupt an, so muß man diese auch für die ganze Dauer der Vertretung annehmen. So ist im Reiche schließlich durch das Stellvertretergesetz eine Art Reichsministerium geschaffen in Fortbildung der Verfassung, die als einzigen Reichsminister den Reichskanzler vorsah. (Arndt, Art. 17.)

12.

Art. 19. Über die Art der Vollstreckung der Exekution ist nichts gesagt; es ist daher anzunehmen, daß der Bundesrat selbständig darüber zu beschließen hat. Er könnte alle genannten Maßregeln treffen. Da die Exekution vom Kaiser zu vollstrecken ist, kann es solche gegen Preußen nicht geben. Preußens Weigerung würde das Deutsche Reich sprengen. (Arndt, Art. 19.)

13.

Die Pflicht zur Zeugenaussage und Beeidigung des Zeugnisses (StPO. §§ 48, 50, 60) kollidiert hier für C. und D. mit ihrem Recht, ihre Wahl, für die Ehefrau des A. mit dem Recht dieser, A.s Wahl geheim zu halten. Es handelt sich um folgendes: Nach der einen Anschauung können einzig die in den §§ 51 und 52 StPO. genannten Personen ihr Zeugnis verweigern; andere auf keinen Fall. Nach der anderen Meinung kommt es noch darauf an, ob ein anderer Grund vorliegt, insbesondere, ob nicht die Vorschrift der RV. Art. 20: die Wahl zum Reichstag ist „geheim“ bedeutet: daß niemand über seine eigene Wahl und niemand über die Wahl eines anderen Auskunft zu geben braucht. (Ev. bedeutet „geheim“ nur den Vorgang bei dem Wahlakt selbst.) Die Entscheidung des Falles hängt von der Stellungnahme hierzu ab. (RGSt. 6, 517.)

14.

Art. 21 Abs. 2. Die Berufung des Z. als Hilfsrichter an das Oberlandesgericht (GVG. § 122) ändert nicht seine etatsmäßige Stellung, damit ist kein höherer Rang und kein höheres Gehalt verbunden. (Anders wenn er Oberlandesgerichtsrat würde.) Daher erlischt sein Mandat nicht. Da über den Eintritt der Voraussetzungen des Art. 21 Abs. 2 (wie über die Gültigkeit der Wahl) der Reichstag zu entscheiden hat, so kann die Regierung keine Neuwahl vornehmen lassen (Wahlgesetz vom 31. Mai 1869, Sartorius, S. 78; Wahlreglement § 9 S. 93). Der Reichstag kann somit nach seinem Zusammentritt die Angelegenheit Z. prüfen und die Wahl eines ev. Gewählten für ungültig erklären (Art. 27). (Arndt, Art. 21.)

15.

„Wahrheitsgetreue" Berichte bleiben von Verantwortlichkeit frei (Art. 22). Wahrheitsgetreu deckt sich nicht mit wortgetreu; das Herausreißen aus dem Zusammenhang ist nicht wahrheitsgetreu, auch wenn die zitierte Stelle wörtlich wiedergegeben ist. Der Schutz des Art. 22 steht dem Redakteur nicht zu. Wenn er Art. 22 falsch auslegte, befand er sich im Irrtum über eine staatsrechtliche Vorschrift; doch kommt ihm § 59 StGB. nicht zugute. Vgl. Fall 8; StGB. § 12. (Arndt, Art. 22.)

16.

Der Reichstag erledigt nicht alle Fragen ohne weiteres im Plenum; für bestimmte Fragen hat er ständige Kommissionen eingesetzt, z. B. die Petitionskommission, die Budgetkommission, die Wahlprüfungskommission, die Rechnungsprüfungskommission, die Geschäftsordnungskommission. (Geschäftsordnung des Reichstags.) Gesetzentwürfe werden nach der ersten Lesung (drei finden statt) meist einer Kommission überwiesen, die in die weitere Vorberatung eintritt. Da die Kommission naturgemäß mit der Legislaturperiode endet, so ist hier in § 1 die Ausnahme ausdrücklich festgestellt. Nach Beendigung der Legislaturperiode fällt für die Abgeordneten die Immunität fort, darum ist hier ausdrücklich die Bestimmung des § 2 entsprochen. Art. 21 soll auf den Eintritt und Austritt aus der Kommission sinngemäße Anwendung finden. § 4 bedeutet einen Zwang für den Reichstag, die Gesetzentwürfe zu beraten. Der Reichstag hat sich selbst festgelegt. (Meyer-Anschütz, § 132.)

17.

Die Äußerung des L. im Reichstag ist in Ausübung seines Berufes als Abgeordneter getan und daher straffrei. Art. 30. Die Äußerung des L. in der Zeitung ist nicht mehr in Ausübung des Berufes als Abgeordneter geschehen, denn der Abgeordnete schreibt in der Zeitung als Privatmann. Jede beleidigende Äußerung, die er hier tut, ist strafbar, auch wenn ihr Inhalt erst sich aus der zuerst getanen, straffreien, ergibt. Durch die Wiederholung ist der Inhalt der Rede jetzt strafbar geworden, sie ist nunmehr Beweismittel und wird gemäß § 248 StPO. verlesen. Die Anklage wird durchdringen; vgl. StGB. § 11. (Arndt, Art. 30; RGSt. 2, 365.)

18.

A. gibt seinen Bericht über die Wahlprüfung als Abgeordneter; jede Äußerung, die er als solcher in Ausübung seines Berufes tut, ist straffrei. Dies ist auch noch von seiner Äußerung über C.s Geschäftsgebahren und seinen Charakter anzunehmen, sie hängen noch mit den anderen Äußerungen, wenn auch lose, zusammen. (Zweifelhaft scheint es immerhin, ob sie noch in Ausübung des Berufes als Abgeordneter getan sind.) Nach Art. 30 kann A. ihretwegen nicht „gerichtlich verfolgt werden". Der Gesetzgeber hat dabei aber nur an die strafrechtliche Seite gedacht, wie auch § 11 StGB. zeigt. Die Immunität des Abgeordneten ist ein „persönlicher Strafausschließungsgrund", d. h. die Rechtswidrigkeit der Handlung bleibt bestehen. Daraus ergibt sich einmal, daß A. zivilrechtlich verantwortlich ist (§ 824 BGB.) und daß eine Teilnahme an seinem Delikt möglich ist, also B. auch strafrechtlich als Anstifter bestraft werden kann (§§ 185, 187, 48 StGB.). C., der nicht Immunität hat, begeht eine Beleidigung; diese kann nicht mit der Beleidigung des Abgeordneten kompensiert werden (§ 199 StGB.), wohl aber kann ihm § 193 StGB. zugute kommen und schließlich § 53 StGB. Man kann annehmen, daß er in Ehrennotwehr gehandelt hat. (Sehr bestritten.) Die Äußerung im Erfrischungsraum ist strafbar; sie ist hier nicht mehr von A. in seinem Beruf als Abgeordneter getan. (Arndt, Art. 30 und die dort zitierten Reichsgerichtsentscheidungen; Liszt, § 24.)

19.

Nach Art. 30 bleiben straffrei die „Äußerungen“ des Abgeordneten. Darunter sind auch zu verstehen konkludente Handlungen, wie z. B. das Sitzenbleiben. Die Immunität gilt für den „Abgeordneten“. Die Wahl und der Eintritt in den Reichstag genügen. Auch spätere Ungültigkeitserklärung des Mandats oder die Beendigung überhaupt machen die einmal erworbene Immunität nicht rückgängig, sonst würde ja kein Abgeordneter sich frei äußern können. (Arndt, Art. 30.)

20.

Nach Art. 31 kann ohne Genehmigung des Reichstags A. während der „Sitzungsperiode“ nicht zur Untersuchung gezogen werden. (Sitzungsperiode=Session d. h. die Tagung des Reichstags nach seiner Berufung Art. 13; Legislaturperiode Art. 24.) Die Sitzungsperiode dauert als solche auch bei Vertagung fort, Art. 12, 26. Auch während der Vertagung gilt also Art. 31. Ein Verzicht auf das Recht des Art. 31 ist unzulässig. A. hat aber auch gar nicht darauf verzichtet, wenn er auf gerichtliche Entscheidung angetragen hat, denn nur so konnte er sich von der Bezahlung der Polizeistrafe befreien. (StPO. § 453.)

Die Vorführung des A. nach § 235 StPO. kann, da sie eine Verhaftung darstellt, nach Art. 31 ebenfalls nicht erfolgen. (Arndt, Art. 31; RGSt. 33, 410.)

21.

Die Partei hat dem P. als Abgeordneten eine Besoldung zugesagt. Dies verstößt gegen Art. 32, also gegen ein Gesetz und ist daher nichtig. (§ 134 BGB.) A. kann weitere 3000 M. nicht verlangen. Durch die Hinnahme der ersten 3000 M. ist

P. Eigentümer des Geldes geworden (§ 929 BGB.); er ist jedoch, da das Kausalverhältnis, der Schenkungsvertrag nichtig ist, ungerechtfertigt bereichert. Die Partei kann jedoch das Geld nicht zurückfordern, da sie gewußt hat, daß sie zur Leistung nicht verpflichtet war. Die Zusicherung durch den Onkel des P. ist gültig: dieser steht zu P. in einem persönlichen Verhältnis. P. bezieht dann keine Entschädigung, sondern erhält eine private Zuwendung. (Arndt, Art. 32; RGZ. 16, 88.)

22.

Die verfassungsrechtliche Grundlage für dieses Gesetz ist der Art. 73, dessen Vorschriften es entspricht. Seine staatsrechtliche Bedeutung liegt darin, daß die Regierung durch die Erfüllung der Vorschrift des Art. 73 gedeckt und frei von Verantwortung ist. (Arndt, Art. 73.)

23.

Der Erbfolgestreit ist eine öffentlich-rechtliche Streitigkeit zwischen den beiden Bundesstaaten Lippe. Sie ist, da der Bundesrat von einem der streitenden Teile angerufen ist, von dem Bundesrat zu erledigen. Art. 76. In welcher Weise der Bundesrat solche Streitigkeiten zu erledigen hat, sagt die Verfassung nicht. Man muß daher annehmen, daß der Bundesrat nach Belieben selbst die Entscheidung treffen oder einem anderen, beispielsweise der juristischen Fakultät der Universität Berlin oder dem Reichsgericht, die Entscheidung überlassen kann. Die Anträge Lippes sind der Situation angemessen, insbesondere hat der Bundesrat schon allein die Legitimation seiner Mitglieder zu prüfen. Die Durchsetzung der Beschlüsse kann gemäß Art. 19 erfolgen. Lippe-Detmold ist verfassungsrechtlich, nämlich nach Art. 76, verpflichtet, dem Beschlusse des Bundesrats sich zu unterwerfen. Wenn der Bundesrat eine Behörde mit der Entscheidung betraut hat und zum Ausdruck gebracht hat, daß die Entscheidung endgültig sein soll (im Zweifel wird dies anzunehmen sein), wird es keine Berufung an den Bundesrat mehr geben.

(Gerade die vorliegende Frage ist äußerst bestritten. Vgl. Meyer-Anschütz § 212; Arndt, Art. 76.)

24.

Das Recht des Bundesstaats auf die Anzahl seiner Stimmen im Bundesrat ist als jus singulare anzusehen, sonst könnte ja den Bundesstaaten, die nur eine Stimme haben, diese nach Art. 78 Abs. 1 genommen werden (wenn nicht 14 Stimmen dagegen sind). Über jus singulare siehe Fall 1 und Einzelthemata Nr. 5. Daher muß nach Art. 78 Abs. 2 verfahren werden. Das Verfahren, wie es hier vorgeschlagen wird, ist unzulässig. Art. 78 Abs. 2 kann seinem Inhalt nach nicht durch einfache Majorität beseitigt werden; er ist ein Schutz für alle Bundesstaaten und nur Einstimmigkeit konnte ihn beseitigen. (Arndt, Art. 78.)

25.

Die Niederschlagung des Verfahrens, das sog. Abolitionsrecht ist den Landesherrn nach Maßgabe der einzelstaatlichen Verfassung verblieben. Vgl. z. B. für Preußen PV. Art. 49 Abs. 3. Der Kaiser als solcher hat dies Recht nach der Reichsverfassung nicht, dagegen vielfach das Begnadigungsrecht (reichsgerichtliche Sachen erster Instanz, in Elsaß-Lothringen, den Schutzgebieten, in Konsularstrafsachen, Marinestrafsachen). Das landesrechtliche Abolitionsrecht kann aber nur soweit bestehen, als das Landesrecht selbst gilt, d. h. vor den Gerichten des Bundesstaates, die im Namen ihres Fürsten Recht sprechen, nicht aber vor dem Reichsgericht, das im „Namen des Reiches" Recht spricht. Sobald also der Prozeß durch die Einlegung der Revision vor das Reichsgericht gelangt ist, kann das landesherrliche Abolitionsrecht nicht mehr wirken. Es kommt nicht darauf an, ob das Reichsgericht schon Termin angesetzt oder verhandelt hat oder beides noch nicht.

Auch die allgemeine Amnestie, die Generalabolition, würde die schon an das Reichsgericht gelangten Sachen nicht berühren. (RGSt. 28, 419 und 33, 204.)

26.

Die Verfassung des Reichslandes Elsaß-Lothringen hat seit dem Erwerb desselben durch den Versailler Präliminarfrieden und den Frankfurter Frieden verschiedene Etappen durchgemacht. Näheres darüber siehe Meyer-Anschütz, § 138 ff. Erwähnt seien hier 1. die Periode der militärischen Okkupation, 2. die Periode der Diktatur 1871—1873, 3. Einführung der Reichsverfassung 1874—1877, 4. eigene Gesetzgebung und Verwaltung 1877, 1879, 5. Alleinige Landesgesetzgebung und Teilnahme am Bundesrat 1911. (Die Gesetze befinden sich Sartorius, S. 110, 130, 194, 214 und Nachtrag.) Auch durch das Gesetz von 1911 ist Elsatz-Lothringen kein Bundesstaat geworden; es wird als solcher nur für die den Bundesrat betreffenden Artikel angesehen. Bundesstaat ist es deshalb nicht, weil es keinen Landesherrn hat (Fall 27). Trotz seiner Teilnahme am Bundesrat (Art. 1) ist es noch „Reichsland" wie vorher. Es gibt noch keine elsaß-lothringische Staatsangehörigkeit. Die Bewohner sind unmittelbare Reichsangehörige. Allerdings ist es durch das neue Gesetz schon der Verfassung eines Bundesstaates näher gekommen; vgl. § 5 des Gesetzes von 1911 (eigene Gesetzgebung, Etat).

27.

Nach § 96 StGB. wird bestraft, wer eine Tätlichkeit gegen ein Mitglied des landesherrlichen Hauses seines Staates begeht. Die Staatsanwaltschaft nimmt also an, daß der Kaiser Landesherr in Elsaß-Lothringen ist. Dies ist unzutreffend. Landesherr ist nur derjenige, der Inhaber der Staatsgewalt ist auf Grund des Verfassungsgesetzes wie die Bundesfürsten in ihren Bundesstaaten. Inhaber der Staatsgewalt in Elsaß-Lothringen ist aber das Reich als solches, der Kaiser übt nur die Staatsgewalt aus. § 1 des Gesetzes von 1911. H. ist daher nur gemäß § 100 StGB. zu verfolgen. (Meyer-Anschütz, § 139; RGSt. 17, 334.)

28.

Waldeck hat durch Vertrag vom 2. März 1887 (früher 1867) seine Staatsverwaltung an Preußen übertragen; es hat sich aber seine Souveränität erhalten. Daher ist der König von Preußen auch hier nicht „Landesherr", da er auch hier nicht Inhaber der Staatsgewalt ist, sondern sie nur „ausübt" (Fall 27).

Der Vertrag ist übrigens nicht als Verletzung des Art. 1 der Verfassung anzusehen, denn Waldeck hat ja nicht aufgehört, als Bundesstaat zu existieren. (Arndt, Art. 1.)

29.

Das passive Wahlrecht regelt § 4 des Wahlgesetzes von 1869 (Sartorius, S. 78). Danach kann nicht gewählt werden, wer eine Armenunterstützung aus öffentlichen Mitteln bezieht (§ 3). Dies liegt hier nicht vor, so daß man auch nicht zu untersuchen braucht, ob mit Bezug solcher Unterstützung das Wahlrecht erlischt. In Betracht kommt ferner Art. 32 RV. (Fall 21); diese Unterstützung ist aber nicht als Besoldung anzusehen. (Schließlich kommt in Betracht das „Gesetz betr. die Einwirkung von Armenunterstützung auf öffentliche Rechte" vom 15. März 1909, Sartorius, S. 492.) (Hiernach [Nr. 4] wäre die Unterstützung des D. nicht als „Armenunterstützung" anzusehen.) D. behält sein Mandat.

30.

Nach § 11 des Wahlgesetzes von 1869 sind die Stimmzettel mit dem Namen des Kandidaten zu versehen. Das ist hier geschehen. Der Name des Gewählten ergibt sich deutlich aus dem Stimmzettel. Der Fall des § 19 Nr. 5 des Reglements von 1869 (Sartorius, S. 90) liegt nicht vor. Anders im zweiten Fall. Hier ist der Kandidat nicht mehr zu erkennen, hier liegt Reglement § 19 Nr. 5 vor. Im dritten Fall ist der Stimmzettel ungültig; er hat durch den Namen ein Kennzeichen. Gesetz § 10, Reglement § 19 Nr. 3. (Die Wahl ist ja auch geheim.)

31.

Nach § 108 StGB. Abs. 2 (Abs. 1 kommt nicht in Frage, da W. nicht „beauftragt" ist) wird bestraft, wer „ein unrichtiges Ergebnis der Wahlhandlung vorsätzlich herbeiführt" („verfälscht" heißt: das richtige Ergebnis falsch feststellt). Ob W. dies tut, ist nach staatsrechtlichen Grundsätzen zu entscheiden.

Die Vorschrift des § 8 des Wahlgesetzes ist nur eine anordnende, äußere Dinge berührende Vorschrift. Allerdings ist die Wahl von der Eintragung in die Liste abhängig, aber die Eintragung schafft nur dann Wahlrecht, wenn auch die übrigen Voraussetzungen vorliegen. Die Eintragung hat nicht konstitutiven Charakter. Wenn also W. nicht in B. mehr wählen dürfte, befreit ihn auch die dort irrtümlich erfolgte Eintragung in die Liste nicht von Strafe. Er durfte in B. nicht wählen. Siehe § 7 Abs. 2. Die Auslegung von W.s Verteidiger ist ganz willkürlich, die doppelte Wahl ist überhaupt ausgeschlossen. Die Stichwahl ist keine selbständige Wahl, daher darf bei ihr nicht mitwählen, wer schon bei einer anderen Wahl gewählt hat. (RGSt. 37, 297.)

Einzelthemata.

1.

Der Entwicklungsgang der Verfassung des Deutschen Reiches zeigt folgende Etappen: das Deutsche Reich zum Ausgang des 17. Jahrhunderts, die Zeit des Rheinbunds, die Zeit des Deutschen Bundes, der Norddeutsche Bund, das Deutsche Reich. Der staatsrechtliche Charakter des Deutschen Reiches vor seiner Auflösung war überaus streitig, es wurde als Monarchie (Staatenstaat), als Staatenbund, als Bundesstaat, als Fürstenaristokratie bezeichnet oder schließlich als irregulare aliquod corpus et monstro simile (von Pufendorf). Organe waren: der Kaiser (der Theorie nach mit absoluter Machtvollkommenheit), der Reichstag (bestehend aus Kurfürstenkollegium, Fürstenrat, Kollegium der Städte), Reichseinrichtungen: das Reichskammergericht, der Reichshofrat.

Die Gründung des Rheinbundes (16 Reichsstände) und ihre Lossagung vom Reich beschleunigten die Auflösung (1806 legt Franz II. die Kaiserkrone nieder). Der Rheinbund zerfällt, und 1815 wird durch die Bundesakte der Deutsche Bund begründet. (Ergänzt: Wiener Schlußakte 1820.) Er ist ein „Staatenbund“, völkerrechtlich organisiert, keine Zentralgewalt. Die „Bundesversammlung“ (Bundestag, Vertretung der Fürsten, engere Rat, Plenum) konnte keine allgemein bindenden Gesetze geben. Nach verschiedenen Reformen (Vorparlament, Nationalversammlung, Dreikönigsbund, Zollverein Schleswig-Holstein, Augustverträge) der Norddeutsche Bund, dessen Entstehung rechtlich verschieden konstruiert wird (übereinstimmendes Landesgesetz, völkerrechtlicher Vertrag, unmittelbar verbindliches Bundesgesetz). Organe: Bundesrat, Reichstag. Preußen als Bundespräsidium. Organisation: Bundesstaat wie später das Deutsche Reich. Darüber bei 3. (statt Bundespräsidium: Deutscher Kaiser). (Vgl. Meyer-Anschütz, § 21—68; Arndt II., Einleitung.)

2.

Die Präambel ist die Einleitung der Reichsverfassung, in der die Vertragschließenden aufgezählt sind. Diese Einleitung enthält die Zwecke des Abschlusses der Verfassung: Schutz des Bundesgebietes, seines Rechtes, Pflege der Wohlfahrt des deutschen Volkes; aus der letzten Vorschrift insbesondere ist die Zuständigkeit des Reiches für den Erlaß der sozialpolitischen Gesetze (Arbeiterversicherung, neuerdings Angestelltenversicherung) abgeleitet worden. Die Worte „schließen einen ewigen Bund“ sind nicht dispositiv zu verstehen, also nicht so, daß jede Kompetenzveränderung eine neue Verfassung, also Einstimmigkeit erforderte, vielmehr hat das Reich trotzdem die Kompetenz-Kompetenz (Nr. 3). Die Worte sind lediglich enuntiativ. (Arndt, Einleitung zur Reichsverfassung.)

3.

Bundesstaat ist hauptsächlich zu unterscheiden von Staatenbund; das erste ist eine staatsrechtliche, das zweite eine völkerrechtliche Bindung der Einzelstaaten. Der Bundesstaat hat eigene, alle Staaten verpflichtende Organe und Behörden, so das Deutsche Reich: Reichstag und Bundesrat; diese schaffen das für alle verbindliche Reichsrecht, das den Landesgesetzen vorgeht (Art. 2 d. RV.): das Reich hat die Kompetenz-Kompetenz, d. h. es kann seine Befugnisse erweitern (soweit es nicht Sonderrechte verletzt) Art. 78. Bei ihm liegt die Souveränität. (Vgl. Meyer-Anschütz, § 71, 120—122; Arndt, Einleitung § 3.)

4.

Souveränität ist die höchste, keinem mehr unterworfene Gewalt im Staate. Sie steht dem Reiche, d. h. den einzelnen Staaten in ihrer Gesamtheit, „der Gesamtheit der verbündeten Regierungen" zu, die ihre Vertretung im Bundesrat haben. Die Souveränität ist nicht zwischen Reich und Einzelstaaten geteilt (Waitz), denn die suprema potestas ist nicht teilbar, sie steht auch nicht den Einzelstaaten als solchen zu (Seydel). Nimmt man dies an, weil der Souveränitätsbegriff mit dem Begriff des Staates untrennbar verbunden sei, könnte man nicht von „Bundesstaat" sprechen. Es genügt, für die Einzelstaaten eine „Herrschaftsgewalt" (Laband) anzunehmen. (Vgl. Meyer-Anschütz, §§ 120—122; Arndt, Einleitung § 3.)

5.

Man unterscheidet drei Arten von Rechten der Bundesstaaten. 1. Mitgliedschaftsrechte (Recht gleichmäßiger Behandlung, Rechtsschutz dem Auslande gegenüber, Bildung des gemeinschaftlichen Willens durch Teilnahme am Reichstag und Bundesrat. RV. Art. 1 und Präambel Art. 3, 6, 20, 53, 56, 70, 76). 2. Sonderrechte jura singularia a) auf Grund der Organisation Preußen Art. 15, Bayern Art. 8, Württemberg, Sachsen Art. 8; b) vorbehaltene Hoheitsrechte, die sonst auf das Reich übergegangen sind, Bayern Art. 38 Abs. 4, Art. 4 Nr. 10, Art. 52 (vgl. auch Reichskriegswesen und Eisenbahnwesen), Baden Art. 38 Abs. 4, Württemberg Art. 38 Abs. 4, Hamburg-Bremen Art. 34. Gemäß Art. 78 Abs. 2 können die jura singularia nur mit Zustimmung des betr. Bundesstaates geändert werden, daher ist die Streitfrage, welche Rechte außer den zitierten dazu gehören, wichtig. Vgl. Fall 1 und 24. 3. jura singulorum Rechte der Bundesstaaten als autonomer Staaten, alle Rechte außer 2

(z. B. Recht der Landesgesetzgebung), die aber jederzeit infolge der Kompetenz-Kompetenz nach Art. 78 Abs. 1 geändert werden können.

Pflichten: Unterordnung unter den Reichswillen. Der Kaiser überwacht die Ausführungen der Reichsgesetze, Art. 17; Zahlung der Matrikularbeiträge, Art. 70; ev. Exekution, Art. 19. Vgl. Fall 12. (Meyer-Anschütz, §§ 81, 16, 40; Arndt, Einleitung § 3.)

6.

Die Organisation des Bundesrates ergibt sich aus den Artikeln 6 ff. der Reichsverfassung; die Mitglieder des Bundesrats sind die Vertreter der Mitglieder des Bundes, der einzelnen Regierungen. Sie werden von den einzelnen Landesregierungen ernannt, sind also nicht Reichsbeamte, sind auch nicht dem Reiche als solchem verantwortlich; sind vielmehr selbständig und wirken als Bundesrat bei der Gesetzgebung mit. Daher ist der Bundesrat kein Reichsministerium. Er ist auch kein „Oberhaus". Darunter ist zu verstehen (wie z. B. in England, in Preußen) eine zweite Kammer, die auf Grund von Wahlen, wenn auch nicht allgemeinen Wahlen, oder durch Ernennung ihrer Mitglieder zustande kommt. Dies ist beim Bundesrat nicht der Fall. Er ist auch kein Staatenhaus. Darunter wäre zu verstehen eine Versammlung von Vertretern der einzelnen Staaten, die aber ebenfalls gewählt sind. (Meyer-Anschütz, §§ 123—126; Arndt III.)

7.

Sanktion ist der Akt der Reichs- oder Staatsgewalt, der einer Norm den Charakter des Gesetzes verleiht. Das Gesetz kommt zustande im Reich durch 1. Feststellung des Gesetzesinhalts (Art. 5), 2. durch die Sanktion, 3. durch die Promulgation oder Ausfertigung (Beurkundung der Gesetzmäßigkeit durch Vollziehung des Kaisers mit Gegenzeichnung des Reichskanzlers), 4. Verkündung im Reichsgesetzblatt (Art. 2). Da die Reichsgewalt von dem Bundesrat ausgeübt wird, steht diesem die Sanktion zu. Auch wenn das Gesetz vom Bundesrat ausgeht, muß es nach Zustimmung des Reichstags von ihm sanktioniert werden.

Bundesrat und Reichstag geben das Gesetz. Der Kaiser wirkt bei 1 und 2 nicht mit. Er muß das Gesetz verkünden. Er hat demnach im Prinzip kein Veto, d. h. keinen Einspruch gegen ein beschlossenes Gesetz; bei Reichsgesetzen kommt er als König von Preußen durch seine Stimme im Bundesrat in Betracht. Anders in Preußen. Hier ist der König einmal Träger der Landesgewalt; die Sanktion steht bei ihm. Er wirkt auch als Gesetzgebungsfaktor mit und hat daher ein Veto (Art. 62 PV.). Vgl. Gesetz über die Verfassung Elsaß-Lothringens von 1911 § 5, sowie Fall 9 RV. Eingang der Gesetze im Reich: Wir, Wilhelm, verordnen nach Zustimmung, in Preußen: mit Zustimmung . . . (Meyer-Anschütz, § 163; Arndt, Art. 5 und 17.)

8.

Art. 11 Abs. 3 RV. Zu scheiden sind die staatsrechtliche und die völkerrechtliche Seite. Die völkerrechtliche Vertretungsbefugnis des Kaisers (Art. 11) ist unbeschränkt; die Gültigkeit der von ihm geschlossenen Verträge, soweit sie Gegenstände des Reichsrechts (Art. 4) betreffen, hängt von der Zustimmung des Bundesrates und der Genehmigung des Reichstages ab. (Beide Ausdrücke sind gleichbedeutend.) Vor dem völkerrechtlichen Akt der „Ratifikation", der für die völkerrechtliche Gültigkeit erforderlich ist, muß also der Kaiser sich der Zustimmung von Bundesrat und Reichstag versichern.

Anders bei Friedensverträgen: hier ist der Kaiser auch staatsrechtlich unbeschränkt. Vgl. Fall 1. Veröffentlichung im Reichsgesetzblatt. Preußen: Art. 48 der PV.; im wesentlichen also Selbständigkeit des preußischen Königs auch für staatsrechtliche Gültigkeit. (Meyer-Anschütz, §§ 190, 189; Arndt, Art. 11.)

9.

Zu unterscheiden sind rechtliche und politische (parlamentarische) Verantwortlichkeit. Für gewöhnlich meint man die letztere, d. h. der Minister hat die Zweckmäßigkeit seiner Maßnahmen dem Parlament gegenüber zu vertreten. RV. Art. 17 meint die rechtliche, d. h. Verantwortung dafür, daß die Handlungen des Kaisers und des Reichskanzlers rechtmäßig sind. Sie kann jedoch praktisch nicht geltend gemacht werden, da eine gesetzliche Handhabe fehlt (Ministerverantwortlichkeitsgesetz). Im Reich ist der Kanzler der einzige Minister; er haftet wohl auch für seine Stellvertreter (Gesetz von 1878, Fall 11). Politisch ist er verantwortlich wie die Minister in Preußen. Für diese sollte nach der PV. Art. 60, 61 auch eine rechtliche Verantwortlichkeit eingeführt werden; das Gesetz (Art. 61 Abs. 2) ist jedoch nicht erlassen, daher auch hier keine rechtliche Verantwortlichkeit. Vgl. Gesetz über Elsaß-Lothringen § 2 Abs. 4. (Meyer-Anschütz, §§ 186, 184; Arndt, Art. 17.)

10.

Art. 20 der RV. und Wahlgesetz von 1869; Reglement von 1870. 1. Organe der Gesetzgebung, RV. Art. 5, 23, 73, 76²; 2. der Regierung, Art. 11³, 26, 72. Erforderlich ist die a) Mitwirkung, Art. 5, 69, 73, 76²; b) Genehmigung, Art. 11; c) Kenntnisnahme, Art. 72. (Meyer-Anschütz, §§ 128—133; Arndt V.)

11.

Das Heer ist ein „Kontingentsheer", d. h. es besteht nicht ein völlig einheitliches Heer, vielmehr gibt es noch vier Kontingente: Preußen, Sachsen, Württemberg, Bayern. Auch sonst bestehen noch Besonderheiten, z. B. bei Baden, Hessen, Mecklenburg (letztere keine Gleichheit der Uniform). Kontingentsherrlichkeit ist die Summe der den Bundesfürsten und Senaten zustehenden Befugnisse: sie sind Chefs ihrer Truppenteile, haben die Bestimmung der äußeren Abzeichen, ernennen die Offiziere (soweit nicht der Kaiser sie ernennt). Sachsen, Württemberg haben noch eigene Verwaltung. Am selbständigsten ist Bayern; der König besitzt auch in Friedenszeit alle Befugnisse, die sonst der Kaiser, ev. die Kontingentsherren besitzen, insbesondere Oberbefehl und Ernennungsrecht der Offiziere. Sonst aber ist das Reichsheer einheitlich: Militärgesetzgebungsrecht des Reiches, Oberbefehl des Kaisers. Äußerlich: Bekleidung der preußischen Armee; für Bayern gilt dies im Kriege. RV. Art. 57 ff. und die Militärkonventionen. (Meyer-Anschütz, §§ 196—198; Arndt XI.)

12.

RV. Art. 57. Die Wehrpflicht ist eine Leistungspflicht der Staatsangehörigen (sonst: Treuepflicht und Gehorsamspflicht); und zwar eine Dienstleistung, daneben gibt es noch Sachleistungen. Die Wehrpflicht wird dem Reiche geleistet, nicht den Einzelstaaten. Beginn und Dauer, Art. 59 der RV. Gesetz von 1867 (Sartorius, S. 68). Gesetz betr. Änderung der Wehrpflicht vom 11. Februar 1888 (Sartorius, S. 221) und 15. April 1905 (Sartorius, S. 389).

Gesetz betr. das Auswanderungswesen vom 9. Juni 1897 (Sartorius, S. 245) § 23; StGB. §§ 140—143. (Meyer-Anschütz, § 225; Arndt, Art. 57.) Vgl. Reichsgesetze Fall 8.

13.

RV. Art. 56. Gesetz betr. die Organisation der Bundeskonsulate usw. vom 8. November 1867 (Sartorius, S. 59). Gesetz über die Konsulargerichtsbarkeit vom 7. April 1900 (Sartorius, S. 277). Das Konsulatswesen gehört zur Reichskompetenz; die Einzelstaaten können nur a) fremde Konsuln bei sich empfangen, b) Konsulate im Reichsgebiet errichten, c) provisorische Konsulate bis zur Errichtung des Reichskonsulates herstellen. Konsuln sind Reichsbeamte, die die Interessen der Staatsangehörigen und ihres Staates wahrnehmen; ihre Kompetenz kann umfassen 1. freiwillige Gerichtsbarkeit (Standesbeamte), 2. polizeiliche Befugnisse, 3. richterliche Kompetenz in den eigenen nationalen Gerichten nach Völkerrecht, 4. Führung der Matrikel. Man unterscheidet: Generalkonsuln, Konsuln, Vizekonsuln, Konsularagenten; consules missi, consules electi; der Empfangsstaat erteilt das exequatur. (Meyer-Anschütz, §§ 137, 80, 190; Arndt, Art. 56.)

14.

Reichsfinanzen Art. 69 ff. Gesetz über die Reichsschuldenordnung von 1900, 1904 (nicht im Sartorius enthalten). Das Reich hat Verwaltungsschulden (entsprechend dem Verwaltungsvermögen), entstanden aus den Verbindlichkeiten der Verwaltung im einzelnen und Finanzschulden (entsprechend dem Finanzvermögen), entstanden aus der allgemeinen Verwaltung. Finanzschulden; 1. unverzinsliche: die Reichskassenscheine, 2. verzinsliche: a) schwebend (die Schatzanweisungen), b) fundiert (die Anleihen) dazu Art. 73. Die Verwaltung der Reichsschuld steht der Reichsschuldenverwaltung zu (verbunden mit der preußischen Hauptverwaltung der Staatsschulden) Kontrolle durch die Reichsschuldenkommission. (Meyer-Anschütz, §§ 208, 209; Arndt XII.)

15.

Es könnte Art. 76 der Reichsverfassung in Betracht kommen. Doch versteht Art. 76 unter Verfassungsstreitigkeiten wohl nur Streitigkeiten über Vorschriften, die schon da sind, beispielsweise Rechte des Königs oder des Parlaments. Mecklenburg hat aber noch gar keine Verfassung. Einen Zwang, der in der Reichsverfassung keine Handhabe findet, kann das Reich nicht ausüben. Möglich wäre eine Ergänzung der Reichsverfassung durch Reichsgesetz (Änderung nach Art. 78 Abs. 1), daß alle zum Deutschen Reich gehörigen Staaten eine Volksvertretung haben müssen; dadurch würde ein jus singulare Mecklenburgs nicht verletzt werden. (Arndt, Art. 76; Meyer-Anschütz, § 212.)

16.

Richterliches Prüfungsrecht bedeutet: das Recht und die Pflicht der unabhängigen Gerichte (GVG. § 1), zu prüfen, ob die vom Staatsoberhaupt erlassenen allgemeinen Anordnungen gesetzmäßig sind, d. h. ob ein Reichsgesetz verfassungsmäßig entstanden ist, eine Reichsverordnung auf gesetzlicher Grundlage beruht. Die Reichsverfassung enthält über das Prüfungsrecht der Gerichte nichts. (Anders die preußische Verfassung Art. 106 Abs. 2.) Doch ist das Prüfungsrecht aus der Unabhängigkeit der Gerichte herzuleiten. Nicht steht dem Richter die Prüfung zu, ob das formell gültige Gesetz auch einen materiell zulässigen Inhalt hat, dagegen hat er zu prüfen, ob im Verhältnis zum Reichsrecht noch eine landesrechtliche Bestimmung in Geltung ist. Ferner steht ihm nicht zu die Prüfung der „interna", z. B. ob das Gesetz auch im Reichstag geschäftsordnungsmäßig beraten worden ist. (Meyer-Anschütz, § 173; Arndt, Art. 2, 17.)

II. Preußische Verfassung.

1.

In Betracht kommen die Art. 1, 2, 55 der PV. Bemerkenswert ist: Lauenburg ist an den König von Preußen zu völkerrechtlichem Eigentum abgetreten worden, nicht etwa an den Staat Preußen zu staatsrechtlichem. Dadurch ist es aber kein „fremdes Reich“ geworden (Art. 55), denn darunter ist dem Sprachgebrauch gemäß nur ein außerdeutscher Staat zu verstehen. Der Erwerb Englands wäre Erwerb eines „fremden Reiches“ und demgemäß nach Art. 55 die Einwilligung der Kammern erforderlich. Wenn also 1865 der König von Preußen Herrscher von Lauenburg wurde, bedurfte es der Einwilligung der Kammern, also eines Gesetzes nicht (streitig). Der Erwerb zu völkerrechtlichem Eigentum ist auch keine Veränderung der „Grenzen des Staatsgebietes“, also auch nach Art. 2 ist kein Gesetz erforderlich, und das Staatsministerium war im Recht. Anders, als Lauenburg Preußen staatsrechtlich einverleibt wurde. Das war ein Fall des Art. 2 und daher ein Gesetz, also auch Zustimmung der Kammern erforderlich (Art. 62). (Arndt zu Art. 1, 2, 55.)

2.

Im Titel II der preußischen Verfassung sind die „Rechte der Preußen“, die Grundrechte der preußischen Staatsangehörigen geregelt; von ihnen gelten nur noch wenige. Die meisten sind durch nachfolgende Reichs- oder Landesgesetze obsolet geworden. Art. 9 gewährleistet die Unverletzlichkeit des Eigentums. Dieser Satz enthält als Prinzip Schutz gegen Behördenwillkür, schließt aber die Einschränkung des Eigentums insoweit nicht aus, als diese nach allgemeingültigen Gesetzen gestattet ist. Die Polizei ist zu ihrer Verfügung gemäß § 10 des ALR. II. 17 berechtigt. (Vgl. Fall 1 und Vorbemerkung zu Polizeirecht.) E.s Einwand ist unrichtig. Bemerkt sei noch, daß für Entziehung oder Beschränkung des Eigentums jetzt das preußische Enteignungsgesetz von 1874 gilt. (Stier-Somlo, S. 432; Arndt zu Art. 9.)

3.

Im Prinzip sind nach Art. 4 der Verfassung alle Preußen gleich; Standesvorrechte sind abgeschafft. Doch gelten sie noch für das königliche Haus und die gleichgestellten Fürsten und teilweise für den hohen Adel durch Aufrechterhaltung in den Reichsgesetzen, so auch in EGGVG. Art. 5, der hier in Betracht kommt. Für den König gilt die Gerichtsverfassung insoweit nicht, als er Beklagter ist. (Wenn er Kläger ist, muß er vor den ordentlichen Gerichten Recht suchen.) Er ist dann vor dem mit dem Kammergericht verbundenen Geheimen Justizrat (letzte Instanz: Reichsgericht) zu verklagen. (Näheres AGGVG. § 18, AGZPO. § 54.) Als Eigentümer des Hoftheaters ist der König persönlich verklagt, nicht der preußische Fiskus. Nach Art. 43 der Verfassung ist die Person des Königs unverletzlich. Das bedeutet jedenfalls, daß keine irgendwie geartete Zwangsmaßregel gegen ihn vorgenommen werden kann, also auch keine „Zwangs“-vollstreckung. (Arndt zu Art. 4, 43.)

4.

Schul- und Universitätswesen, von letzterem insbesondere die Ablegung der Examina, ist in Preußen größtenteils durch Verordnung geregelt (Referendarprüfungswesen durch Verordnung des Justizministers) auf Grund der der Regierung zustehenden „vollziehenden Gewalt“ (Art. 45), pouvoir exécutif. Wenn aber einmal bestimmte Vorschriften gegeben sind, so können sie nur dann aufgehoben oder von ihnen kann nur dann Befreiung erteilt werden, wenn in der Vorschrift dies Recht der Erlasser sich selbst oder einem anderen vorbehalten hat. Der König kann also von (Gesetzen und) Verordnungen, obwohl ihm im Prinzip die vollziehende Gewalt zusteht, nicht ohne weiteres dispensieren; wenn zur Erlangung des Titels „Referendar" die Ablegung einer Prüfung nach Verordnung erforderlich ist, muß jeder sie innehalten. Die gestellte Frage ist daher zu verneinen. In Betracht käme auch noch Art. 50, wenn man das Referendariat als mit Vorrechten verbundene Auszeichnung ansieht (wohl abzulehnen). (Arndt zu Art. 62, 50.)

5.

Dem Eintritt preußischer Minister in das Abgeordnetenhaus steht verfassungsrechtlich nichts entgegen. (In das Herrenhaus kann sie der König berufen. Verordnung wegen Bildung der Ersten Kammer vom 12. Oktober 1854. Stier-Somlo, S. 174.) Es ergibt sich dies aus Art. 60 Abs. 3. Sie verlieren dadurch nicht ohne weiteres ihr Ministeramt, dies ist nirgends bestimmt. Sie bedürfen auch keines Urlaubs zum Eintritt in die Kammer (Art. 78 Abs. 2). Der König kann ihnen aber ihr Amt entziehen, nicht weil sie in die Kammer eintreten, sondern weil der König nach Belieben die Minister entlassen kann (Art. 45).

Anders bei der Wahl zum Reichstag. Die Minister sind in der Regel Mitglieder des Bundesrates und können daher gemäß Art. 9 der RV. nicht Mitglieder des Reichstags sein. (Grundsatz der Inkompatibilität; Arndt zu Art. 60.)

6.

Gemäß Art. 47 hat der König die Stellen in allen Zweigen des Staatsdienstes zu besetzen, und von ihm leiten die Verwaltungsbehörden ihr Recht ab. Sie sind aber bei der Anstellung an den Etat gebunden (wie überhaupt an die Gesetze, z. B. wenn für Anstellung Ablegung eines Examens erforderlich ist). Wenn der Etat also nur zwei Stellen vorsieht, kann die Justizverwaltung im Prinzip keine dritte schaffen, bevor diese nicht im Etat vorgesehen und genehmigt ist. Sie kann aber den Sekretär anstellen und nachträglich die Genehmigung der Kammern (Art. 99; Gesetz!) einholen (Art. 104). Die Anstellung beruht jedoch nicht auf dem Etat, der vielmehr nur als Norm der Staatsgewalten untereinander gilt (der vollziehenden zu der gesetzgebenden), so daß auch ohne Bewilligung der Sekretär einen Anspruch hat, den er nach dem Gesetz, betr. die Erweiterung des Rechtswegs vom 24. Mai 1861 § 1 durchsetzt (Stier-Somlo, S. 357). Daraus ergibt sich, daß es unerheblich ist, ob er den Etat kannte, und daß der Fiskus zahlen muß. Im Verhältnis zur gesetzgebenden Gewalt muß er auch diese Ausgabe in den Etat einsetzen und genehmigen lassen. (Arndt zu § 47, Titel VIII Vorbemerkung, Fall 15.)

7.

Der verschollene König ist dauernd verhindert zu regieren (Art. 56), ein Agnat nicht vorhanden (Art. 57) (Fürsorge nicht getroffen Art. 57). Daher hat das Staatsministerium die Kammern zu berufen, die einen Regenten wählen (Art. 57). Todeserklärung (BGB. §§ 13 ff., ZPO. §§ 960 ff.) ist nicht erforderlich, da auch ohne diese dauernde Verhinderung vorhanden ist. Der Regent führt auch die Geschäfte des Bundespräsidiums (Art. 11 der RV.), denn die kaiserliche Würde haftet am Besitze der preußischen Krone, die ihrerseits nach den Vorschriften des preußischen Staatsrechtes erworben wird. (Arndt zu Art. 56, 57; Meyer-Anschütz, § 127.)

8.

Neben der Regentschaft gibt es eine „Stellvertretung“ des preußischen Königs. Die rechtliche Grundlage für die Bestellung eines solchen ist der Art. 56. Danach muß der König „dauernd“ verhindert sein; es ist also bei nicht dauernder Verhinderung eine vorübergehende Vertretung des Königs nicht ausgeschlossen. Inhalt, Umfang und Dauer bestimmt der König nach freiem Ermessen. Der Stellvertreter andererseits ist für seine Regierungshandlungen verantwortlich. Die Ernennung des Stellvertreters ist ein Regierungsakt des Königs, bedarf also der Gegenzeichnung eines Ministers, nicht aller Minister (Art. 44). Die Veröffentlichung in der Gesetzessammlung ist, da der Akt kein Gesetz ist, nicht erforderlich (wie z. B. auch die Begnadigung, die der Gegenzeichnung bedarf, nicht in der Gesetzessammlung veröffentlicht wird), vgl. Einzelthemata 5. (Arndt zu Art. 56.)

9.

Die Verordnung ist formell rechtsgültig (Art. 63). Sie steht unter „Verantwortlichkeit" des Staatsministeriums, jedoch ist die Unterzeichnung durch sämtliche Minister nicht vorgeschrieben, vielmehr genügt die Unterschrift eines oder mehrerer (Art. 44). (Die ausdrückliche Bezeichnung als „Notverordnung" wäre nicht erforderlich gewesen.) Sie ist auch als Notverordnung materiell rechtsgültig, denn sie widerspricht nicht der Verfassung, d. h. sie betrifft nicht eine Materie, deren Regelung durch Notverordnung besonders ausgeschlossen ist (z. B. Art. 107: „ordentlicher Weg der Gesetzgebung"). Die Übernahme der Pflichten im Staatsvertrag ist als außerordentlicher Notstand anzusehen. Die Notverordnung hat, wenn sie erlassen ist, Gesetzeskraft. Ihre Aufhebung gilt nicht rückwirkend. A. kann daher abgeurteilt werden, auch wenn die Verordnung im Gesetzblatt zurückgenommen ist. (Ob dies erforderlich ist, ist bestritten.) (Arndt zu Art. 63.)

10.

Für X. liegt ein Delikt der §§ 105 ff. StGB. nicht vor. Er kann jedoch nach § 360 Nr. 11 bestraft werden, weil er groben Unfug verübt. Die Verfolgung des X. geschieht von Amts wegen (§ 152 StPO.), die Übertretung ist kein Antragsdelikt.

Die Worte des Z. sind eine Beleidigung des Abgeordnetenhauses (§ 185 StGB.). Z. kann jedoch dafür nicht verantwortlich gemacht werden, da er die Äußerung als Abgeordneter getan hat (Art. 84, StGB. § 11). Würde X. Beleidigungen gegen das Abgeordnetenhaus getan haben, könnte er verfolgt werden, aber nur mit Ermächtigung der Kammer (§ 197 StGB.). (Arndt zu Art. 84.)

11.

Nach Art. 60 haben die Minister Zutritt zur Kammer und müssen dort auf ihr Verlangen jederzeit gehört werden. Sie unterliegen jedoch nicht der Geschäftsordnung der Kammer, denn diese gilt nur für die Mitglieder. Sie können daher nicht zur Ordnung gerufen werden (streitig). Selbst die Mitteilung des Präsidenten, daß er das Verhalten des Ministers als unparlamentarisch bezeichnen müsse, wird für unzulässig gehalten. Andererseits hat der Minister auch nicht die Immunität der Abgeordneten. Daher ist er für die Beleidigung „grober Kerl" verantwortlich. Ev. steht ihm § 193 StGB. zur Seite. Die Beleidigung des Abgeordneten „danke gleichfalls" kann gemäß Art. 84 § 11 StGB. nicht bestraft werden, da er sie in Ausübung seines Berufes als Abgeordneter getan hat. (Arndt zu Art. 60, 84.)

12.

Art. 78 Abs. 2. Der Schullehrer ist preußischer Kommunalbeamter. Er wird nur seinen Eintritt in die Kammer der vorgesetzten Behörde anzuzeigen haben. Er wird die Stellvertretungskosten tragen müssen, wie das Obertribunal entschieden hat. Eine positive Vorschrift findet sich nicht. (Unmittelbare Staatsbeamte haben nach einem Beschluß des Staatsministeriums die Vertretungskosten nicht zu tragen.)

Beamte bedürfen auch keines Urlaubs zum Eintritt in den Reichstag. RV. Art. 21[1]; nach § 14 Abs. 2 des Reichsbeamtengesetzes von 1907 (Sartorius, S. 399) hat bei Reichsbeamten die Reichskasse die Stellvertretungskosten zu tragen. Dies wird jedoch auf den Schullehrer als Kommunalbeamten keine Anwendung finden. (Bestritten ist auch, daß die Vorschrift des Art. 21 Abs. 1 auf andere als Reichsbeamte überhaupt Anwendung findet.) (Arndt zu Art. 78.)

13.

Über die Wahl zum preußischen Abgeordnetenhaus vgl. die Verordnung vom 30. Mai 1849; das Gesetz betr. Änderung des Wahlverfahrens vom 29. Juni 1893 (Stier-Somlo, S. 791); Reglement über die Ausführung der Wahlen zum Hause der Abgeordneten vom 14. März 1903/20. Oktober 1906. (Die Urwähler wählen Wahlmänner, die Wahlmänner den Abgeordneten.) Über die Wahl des Abgeordneten durch die Wahlmänner vgl. insbesondere §§ 27, 28, 29 des Reglements. Der Wahlvorstand ist nach § 29 berechtigt, über die Gültigkeit einer Stimme zu entscheiden; und er hat gemäß seiner Entscheidung infolge der Stimmengleichheit nach § 28 Abs. 2 die Stichwahl veranlaßt und nach Abs. 3 das Los entscheiden lassen.

Nun hat über die Legitimation ihrer Mitglieder die Kammer selbst zu entscheiden (Art. 78). Ihr werden die Verhandlungen über die Wahl vorgelegt (§ 32). Sie kann also, wenn sie die Entscheidung des Wahlvorstandes nicht billigt, die Wahl des Schulz im ganzen für ungültig erklären, sie kann jedoch nicht über einen Teil der Wahl, über die Abgabe einer Stimme eine Entscheidung treffen. Daher ist der Vorschlag der Kommission zu 1 rechtlich zulässig, dagegen nicht die Vorschläge zu 2 und 3. Die Wahl des Abgeordneten steht nicht dem Hause zu, es muß sich mit der Erklärung der Ungültigkeit der Wahl Schulzes begnügen. Es kann somit auch nicht den Müller auffordern lassen, seinen Sitz im Hause einzunehmen. Die Durchführung dieser Beschlüsse wäre rechtlich unzulässig. (Arndt zu Art. 78, 2. Vgl. Verhandlungen des Abgeordnetenhauses von 1865, S. 37.)

14.

Die Einsetzung und der Auftrag der Kommission ist verfassungsmäßig, Art. 82 gibt der Kammer dazu das Recht. Im einzelnen sind die Rechte der Kommission streitig. Je nachdem man davon ausgeht, daß diese Vorschrift der Kammer ein ganz exzeptionelles Recht geben sollte oder von dem entgegengesetzten Standpunkt, daß die Kammern nur diejenigen Rechte haben, die ihr ausdrücklich zustehen, wird man der Kommission mehr oder weniger Gewalt zumessen. Zweifellos wird sein, daß sie zwar Zeugen laden, aber diese zum Erscheinen nicht zwingen und sie auch nicht beeiden kann. Dies müßte ausdrücklich wie in den Prozeßordnungen bestimmt sein. Will sie Behörden in Tätigkeit setzen, muß sie diese wohl durch die Minister ersuchen lassen, und nur dann sind diese verpflichtet, Folge zu leisten. Daß die Minister zu jeder Auskunft den Kommissionen verpflichtet sind, ist nicht anzunehmen, da sie es ja auch den Kammern gegenüber nicht sind (Art. 60). Daß das Abgeordnetenhaus sich im ganzen als Kommission konstituieren kann, ist nirgends gesagt und daher zu verneinen.

Die Befugnisse der Reichstagskommission sind im wesentlichen die gleichen. (Die Kommissionen „zur Untersuchung von Tatsachen" sind übrigens nicht zu verwechseln mit den Kommissionen des Abgeordnetenhauses und Reichstags zur Vorberatung von Gesetzen oder Erledigung gewisser Angelegenheiten, z. B. Budgetkommission, Geschäftsordnungskommission.) (Arndt zu Art. 82. Verhandlungen des Abgeordnetenhauses 1863/1864, Anlage Bd. IV S. 550; Arndt, RV. zu Art. 23, Juristen-Zeitung XVIII. Jahrgang S. 103.)

15.

Der Regierungsbaumeister haftet aus seiner Fahrlässigkeit für die Überschreitung des Voranschlags. In Fall 6 ist schon darauf hingewiesen, daß der Etat eine interne Angelegenheit der Staatsgewalten ist, insbesondere im Verhältnis der gesetzgebenden zur verwaltenden. Daraus ergibt sich einmal, daß einem Dritten keine Einwendungen aus dem Etat entgegengesetzt werden können (Fall 6), zweitens: daß aber auch ein Dritter keine Rechte aus dem Etat geltend machen kann. (Dies sagt auch das Gesetz betr. den Staatshaushalt von 1898 — im Stier-Somlo nicht enthalten — ausdrücklich § 8.) B. kann daher keine Rückzahlung verlangen. (Arndt, Titel VIII; REZ. 13, 258.)

16.

Nach dem zu Fall 6 und 15 Gesagten wird die Entscheidung auch hier zu geben sein. Kein Dritter kann sich auf das Etatsrecht berufen. Zur Einstellung der Einnahme aus dem Verkaufe der Amtsgerichte ist die Regierung nur den Kammern gegenüber verpflichtet (Art. 99). Der zivilrechtliche Vertrag über den Verkauf wird davon nicht berührt.

Zweifelhaft könnte es bei der Aufnahme des Darlehns sein. Nach Art. 103 soll die Aufnahme eines Darlehns „nur auf Grund eines Gesetzes erfolgen". Aber auch diese Bestimmung kann ihrer Stellung im Etatsrecht nach nur das Verhältnis der Exekutive zur Legislative betreffen. Die zivilrechtliche Gültigkeit des Darlehnsvertrages bleibt auch ohne dies Gesetz bestehen. Die Einwendungen sind daher nicht beachtlich.

Der Militärfiskus ist Reichsfiskus. Es kommen daher die Vorschriften der Reichsverfassung zur Anwendung. Art. 69 RV. hat dieselbe rechtliche Bedeutung wie Art. 99 PV., Art. 73 RV. wie Art. 103 PV. Die Entscheidung bleibt daher dieselbe. (Arndt zu Art. 103; Arndt, RV. zu Art. 69, 73.)

17.

Der Verteidiger greift mit seinem Einwand die Rechtsgültigkeit der Königlichen Verordnung an, weil diese das Recht, Bestimmungen zu treffen, dem Regierungspräsidenten delegiere. Dieser Einwand ist nach Art. 106 Abs. 2 unbeachtlich. (Die Form der Verkündung ist nicht angegriffen.) (Arndt zu Art. 106; OVG. 35, 103; Spruchsammlung zur Deutschen Juristenzeitung Bd. XV S. 138.)

18.

Die Revision ist unbegründet. Ob das erkennende Gericht vorschriftsmäßig besetzt war (§ 377 StPO. Ziffer 1) oder ob ein Richter kraft Gesetzes vom Richteramt ausgeschlossen war (Ziffer 2), bestimmt sich nach den Vorschriften der StPO. und des GVG. Zudem müßte der Ausschluß deutlich in einem Gesetze ausgedrückt sein. Art. 108 der PV. knüpft an die Nichtleistung des Eides keine gesetzlichen Folgen, Rechte und Pflichten sind davon unabhängig. (Arndt zu Art. 108; RGSt 17, 375.)

Einzelthemata.

1.

Die Lehre Montesquieus von der Dreiteilung der Staatsgewalt (esprit des lois) ist auch für die preußische Verfassung angenommen worden. Art. 45 spricht von der vollziehenden

Gewalt des Königs (pouvoir exécutif), Art. 62 von der gesetzgebenden Gewalt des Königs und der Kammern (pouvoir législatif), Art. 86 von der richterlichen Gewalt der unabhängigen Gerichte (pouvoir de juger). Daß diese Trennung der Gewalten von der preußischen Verfassung durchgeführt werden sollte, ist bei den Beratungen wiederholt ausgesprochen worden. Man ist auch hier (wie sonst) der belgischen Verfassung gefolgt. Ganz rein ist allerdings die Trennung der Gewalten nicht durchgeführt. Der König hat nicht nur die vollziehende Gewalt, sondern ist auch als selbständiger Faktor an der Legislative beteiligt (sog. absolutes Veto). (Arndt, Einleitung S. 43/44).

2.

Der Satz ist weitergehend als der Art. 43 der Verfassung und ist auch nur so weit richtig, als er durch Art. 43 gedeckt ist. Der König steht zwar insoweit über den Gesetzen, als er für Privathandlungen und Regierungshandlungen nicht verantwortlich ist, also z. B. nicht nach dem Strafgesetzbuch bestraft werden kann, weil jeder Zwang gegen ihn ausgeschlossen ist (Fall 3) und überhaupt von niemandem zur Verantwortung gezogen werden kann. Im übrigen aber steht er unter dem Gesetz, muß z. B. in vermögensrechtlichen Streitigkeiten Recht vor den ordentlichen Gerichten nehmen. Notwehr gegen ihn wäre möglich vgl. auch Art. 54. (Arndt zu Art. 43.)

3.

Der Titel III der preußischen Verfassung „Vom Könige“ enthält nicht alle Rechte, die dem König zustehen, vielmehr sind alle Rechte, die er vorher hatte, in Kraft geblieben, soweit sie nicht durch die Verfassung ausdrücklich beschränkt sind. Der Satz der belgischen Verfassung (der die preußische nachgebildet ist): „tous les pouvoirs émanent de la nation“ fehlt. Der König hat noch weitere Rechte als die im Titel III aufgezählten, z. B. die Ehrenrechte. Siehe unter 4. Auch in der Legislative hat der König die Vorherrschaft. Er ist zwar nur einer von den drei Faktoren der Gesetzgebung, aber (abgesehen vom Dreiklassenwahlrecht des Abgeordnetenhauses siehe Nr. 6) ist die erste Kammer, das Herrenhaus, so zusammengesetzt, daß der Wille des Königs stets darin ausschlaggebend ist. Vgl. die Verordnung von 1854, § 1. (Stier-Somlo, S. 174.) Der König hat die Möglichkeit des „Pairsschubs", d. h. er kann gemäß § 1 Nr. 3 beliebig viel Mitglieder ernennen und dadurch stets eine Opposition in der Kammer überstimmen lassen. (Arndt, Einleitung zum III. Titel.)

4.

Der König von Preußen hat folgende Rechte: 1. Nach der Reichsverfassung (Art. 11), 2. nach der preußischen Verfassung a) Regierungsrechte, b) Ehrenrechte, c) finanzielle Rechte. Zu b sind zu erwähnen: 1. Majestätstitel, 2. königliche Titulatur, 3. Wappen, 4. Insignien (Siegel, Apfel, Schwert, Zepter, Krone), 5. Fürbitte im Kirchengebet, 6. Landestrauer (Gesetz von 1900). Nach Art. 50. 7. Verleihung von Orden, 8. Auszeichnungen, die nicht mit Vorrechten verbunden sind (Adel, Titel), 9. Erlaubnis der Änderung des Familiennamens (dem Regierungspräsidenten delegiert). (Für das Münzwesen ist jetzt das Reich zuständig). (Arndt, Einleitung zum III. Titel und zu Art. 50).

5.

Vorweg sei auf den Fall Nr. 8 verwiesen und noch erwähnt: Regentschaft bedeutet Berufung kraft Verfassung. Der Regent, der die Gewalt im Namen des Monarchen ausübt, hat dessen sämtliche Regierungsrechte, nicht die Ehrenrechte, insbesondere nicht Anspruch auf königliche Titulatur. Für Regierungshandlungen ist er nicht verantwortlich, für Privathandlungen nach Beendigung der Regentschaft. Der Stellvertreter ist berufen durch den Monarchen, der in der Person völlige Freiheit hat. Regierungsrechte stehen ihm nur soweit zu, als sie ihm ausdrücklich übertragen sind, Ehrenrechte gar nicht. Für Regierungshandlungen und Privathandlungen ist er verantwortlich. (Meyer-Anschütz §§ 92, 93).

6.

„Dreiklassenwahlrecht" bedeutet die dem Wahlmodus der Abgeordneten zum preußischen Abgeordnetenhaus eigentümliche Einteilung der Wähler in drei Klassen und zwar in der Weise, daß die gesamten Urwähler eines Urwahlbezirks nach Maßgabe der entrichteten, direkten Steuern in drei Abteilungen geteilt werden, so daß auf jede Abteilung ein Dritteil der Gesamtsumme der Steuerbeträge aller Urwähler fällt. (§ 1 des Gesetzes von 1893. Vgl. Fall 13). Für Personen, die keine Staatseinkommensteuer zahlen, wird diese mit 3 M. veranschlagt (§ 1 Abs. 2). Sie wählen in der dritten Abteilung (§ 2 vgl. aber Abs. 2). Jeder Urwahlbezirk umfaßt 750—1750 Personen und wählt, da auf 250 Personen ein Wahlmann zu wählen ist, mindestens drei, höchstens sechs Wahlmänner. (Verordnung von 1849, §§ 5, 6, 4). Da an der Wahl der Wahlmänner alle Bürger (soweit sie das aktive Wahlrecht haben, § 8 der Verordnung) teilnehmen, so ist die Wahl eine allgemeine trotz der Einteilung in drei Klassen; sonst ist sie mittelbar (vgl. Fall 13) und offen. (Reichstagswahl: allgemein, unmittelbar, geheim.)

7.

Nach Art. 99 sollen auch die Einnahmen auf den Etat, der durch Gesetz festzustellen ist (Art. 62), gebracht werden. Danach könnte man annehmen, daß die Kammer zu jeder Einnahme, die der Staat hat, ihre Bewilligung geben müsse, so daß ohne diese Bewilligung die Einnahme nicht erhoben werden könnte. Das trifft jedoch nicht zu. Art. 99 spricht nur von der Aufnahme in den Etat, nicht von einer „Billigung"; dies ergibt auch Art. 100, der von denjenigen Einnahmen ausdrücklich spricht, die nur erhoben werden können, wenn sie aufgenommen sind. Also alle anderen können auch so erhoben werden, z. B. Einnahmen aus Domänen, Eisenbahnen usw.

Das Steuerverweigerungsrecht (nicht Steuerbefreiungsrecht) der Kammer ist durch Art. 109 eingeschränkt; für die Aufnahme neuer Steuern in den Etat ist die Billigung der Kammern (vgl. Art. 62 Abs. 3) erforderlich, da diese das Ausgabenbewilligungsrecht haben.

Die Vorschriften der Reichsverfassung (Art. 69) schließen sich denen der preußischen an. Auch im Reiche sind die gesetzlich feststehenden Einnahmen und Ausgaben nicht Gegenstand der parlamentarischen Bewilligung (Arndt, Titel VIII. Von den Finanzen; Meyer Anschütz, § 209).

8.

Das Zustandekommen des Etats hat die Wirkung, daß die Regierung für eine Ausgabe innerhalb des Etats nicht verantwortlich ist. Folglich ist sie für jede Ausgabe, die nicht auf schon bestehendem Gesetz beruht, verantwortlich, wenn der Etat nicht zustande kommt. Es geht nicht etwa nun die Machtvollkommenheit auf den König oder die Kammer über, vielmehr hat die Regierung auch ohne Etat Einnahmen zu erheben und die notwendigen Ausgaben zu leisten. Für andere muß sie die nachträgliche Genehmigung nachsuchen (Art. 104). Die Verantwortlichkeit ist nur eine politische.

Dasselbe hat für das Deutsche Reich zu gelten. Nachträgliche Genehmigung ist auch hier erforderlich. Ein Art. 104 analoge Bestimmung fehlt in der Reichsverfassung. Für Elsaß-Lothringen vgl. § 5 des Gesetzes von 1911 (Sartorius, Nachtrag). (Arndt, wie zu 7; Meyer-Anschütz, §§ 209, 207.)

9.

Der Satz bringt zum Ausdruck, daß die Regierung Beginn und Ende der Legislative festsetzt, auch darin spricht sich die Teilung der Gewalten aus. Art. 51: Der König beruft die Kammern; diese Berufung ist erforderlich, andererseits ist der König zur Berufung verpflichtet. Art. 16. Er eröffnet die Sitzungen selbst oder durch den Minister in vereinigter Sitzung der beiden Kammern. Art. 77. Der König schließt die Sitzungen, Art. 51 Art. 77. Vgl. Art. 77 Abs. 2. Der König kann das Abgeordnetenhaus auflösen (das Herrenhaus nicht, da es keine Wahlkammer ist) Art. 51. Art. 77 Abs. 3. Vgl. Art. 52. Vgl. Reichsverfassung Art. 72—14. (Arndt, Einleitung S. 43/44).

10.

Das Staatsministerium ist die Gesamtheit der (9) preußischen Minister unter Vorsitz des Ministerpräsidenten (Verordnung von 1814; Stier-Somlo, S. 21). Das gesamte Ministerium hat die ihm in der Verfassung zugewiesenen Aufgaben. Art. 57, 58, 63. (Vgl. auch Art. 111 und das Gesetz über den Belagerungszustand von 1851 § 2; Stier-Somlo, S. 108). Neben den Verfassungsvorschriften hat es auch nach anderen Gesetzen Befugnisse. Es berät über Gesetzentwürfe, Voranschläge, Angelegenheiten von allgemeinem Interesse. Sonst stehen die Minister bureaukratisch nebeneinander, d. h. jeder verwaltet die ihm zugewiesenen Angelegenheiten.

Das Hausministerium hat mit den Ministern im technischen Sinne nichts zu tun; es gibt einen „Minister des königlichen Hauses", der nicht Staatsminister (auch nicht Staatsbeamter) ist. Seine Aufgabe ist im wesentlichen die: für die Mitglieder des königlichen Hauses in allen Angelegenheiten der freiwilligen Gerichtsbarkeit z. B. Vormundschaftssachen den ordentlichen Gerichtsstand zu bilden. (Arndt, Titel IV.)

11.

Aus staatsrechtlichen Gesetzen, die nach der Verfassung ergangen sind, sind Bedenken gegen den Erlaß eines Ministerverantwortlichkeitsgesetzes noch jetzt nicht herzuleiten. In Betracht kommen jedoch Gerichtsverfassungsgesetz § 16. Strafprozeßordnung § 3, Einführungsgesetz zum Strafgesetzbuch § 2. GVG. § 16: Ausnahmegerichte sind hier nur solche für die ordentliche streitige Gerichtsbarkeit, daher kommt dieser Paragraph nicht in Frage (Einführungsgesetz zum GVG. § 2). StPO. § 3: Man kann daraus nicht schließen, daß nur die Gerichte der Strafprozeßordnung in Betracht kommen könnten, denn diese findet nur Anwendung auf Strafsachen, die vor die ordentlichen Gerichte gehören. EGStGB. § 2: Daraus ergibt sich allerdings, daß von den im Art. 61 PV. genannten Delikten nur noch das Verbrechen der „Verfassungsverletzung" Gegenstand des neuen Gesetzes sein könnte, weil Bestechung und Verrat schon im Strafgesetzbuch geregelt sind. (§§ 331—333, 335; §§ 80—93). Strafen könnten nur nach § 5 EGStGB. festgesetzt werden. (Arndt, Art. 61; Meyer-Anschütz, §§ 184, 185).

12.

Die Bedeutung der Grundrechte der preußischen Verfassung ist nur noch sehr gering; uneingeschränkt gelten noch die Art. 13, 14, 17, 20, 31, 32, 36, 40, 41, 42; auch von diesen einige schon in neuer Fassung. Die übrigen sind durch Reichsgesetze außer Kraft gesetzt (Art. 3; teilweise 5, 6, 7, 8, 10, 11, 12, 19, 27, 28, 29, 30, 33, 34, 35, 37, 39), teilweise völlig aufgehoben (Art. 15, 16, 18), teilweise durch preußische Gesetze ergänzt (4, 5, 9, 21—26). (Arndt zu den einzelnen Artikeln).

13.

Hier sei nur auf die Einleitung zu Arndt verwiesen, da es sich um eine reine historische (nicht dogmatische) Darstellung handelt.

14.

Art. 107. Bei der Bedeutung der Verfassung sind zwei Abstimmungen mit Zwischenraum (Ueberlegungszeit) vorgeschrieben. Abänderung nur auf dem ordentlichen Weg der Gesetzgebung nach Art. 62, nicht etwa durch Notverordnung nach Art. 63. Es genügt das ändernde Gesetz, das auch nicht ausdrücklich sich als verfassungändernde bezeichnen muß. Ein besonderes Gesetz über die Änderung überhaupt ist nicht erforderlich. Die Vorschrift gilt nur für die Verfassung, nicht für die Verfassung ergänzende Gesetze, z. B. die Vorschriften über die Wahl zum Abgeordnetenhaus. Vgl. RV. Art. 78. (Arndt, zu Art. 107.)

III. Polizeirecht.

Vorbemerkung.

I. Die wichtigsten Gesetze, auf denen das Recht der Polizei beruht, sind folgende: 1. ALR. § 10, II, 17 (noch in Geltung). „Die nötigen Anstalten zur Erhaltung der öffentlichen Ruhe, Sicherheit und Ordnung und zur Abwendung der dem Publiko oder einzelnen Mitgliedern desselben bevorstehenden Gefahr zu treffen, ist das Amt der Polizei." 2. Das Polizeiverwaltungsgesetz von 1850 (Stier-Somlo, S. 97). 3. Gesetz über die Zulässigkeit des Rechtsweges in Beziehung auf polizeiliche Verfügungen von 1842 (Stier-Somlo, S. 69). 4. Gesetz zum Schutze der persönlichen Freiheit von 1850 (Stier-Somlo, S. 96). 5. Gesetz über die Polizeiverwaltung in den neu erworbenen Landesteilen von 1867 (Stier-Somlo, S. 361). 6. Gesetz betr. die Kosten der Königlichen Polizeiverwaltung in Stadtgemeinden von 1892 (Stier-Somlo, S. 788). 7. Gesetz über die allgemeine Landesverwaltung von 1883. IV, V, VI Titel (Stier-Somlo, S. 589).

II. Polizei ist eine besondere Art der staatlichen Verwaltungstätigkeit, die die Sicherung und Förderung des einzelnen und des gesamten Staates bezweckt.

III. Zur Durchführung ihrer Zwecke erläßt die Polizei 1. Polizeiverfügungen d. h. eine polizeiliche Anordnung, die an eine bestimmte Person gerichtet ist. 2. Polizeiverordnungen d. h. polizeiliche Anordnungen, die sich an eine Gesamtheit von Personen richten, die der Polizeigewalt unterworfen ist, unter Androhung von Strafen für die Nichtbefolgung.

1.

Die Polizei hat an A. eine Verfügung erlassen. Sie hat das Recht dazu aus § 10, II, 17 ALR., weil die Sicherheit des Publikums gefährdet wird, insbesondere aus § 6 a, f des Gesetzes über die Polizeiverwaltung von 1850. Zur Durchführung ihrer Anordnung stehen ihr (Ortspolizeibehörde) die in 132 LVG. bezeichneten Zwangsbefugnisse zu. (Ausführung der Ausbesserung oder des Abreißens durch einen Dritten, Androhung von Geldstrafe bis 60 M. ev. Haft; stets ist vorherige Androhung erforderlich mit Fristsetzung.)

Dem A. stehen die Rechtsmittel der §§ 127 ff. LVG. zu: Beschwerde § 127 a oder b, zweimal (Landrat—Regierungspräsident oder Regierungspräsident—Oberpräsident) und dann Klage beim Oberverwaltungsgericht oder unter den Voraussetzungen des § 127 Abs. 3 Nr. 1 und 2, an Stelle der Beschwerde Klage beim a) Kreisausschusse oder b) Bezirksausschusse mit a) Berufung an den Bezirksausschuß und Revision beim Oberverwaltungsgericht §§ 82, 93 LVG. oder b) Berufung an das Oberverwaltungsgericht § 83 LVG. Diese Rechtsmittel hat A. auch dann noch, wenn die Polizei ihm Zwangsmaßregeln androht § 133 LVG.

Die Polizei hat sich in erster Linie allerdings an den Hauswirt zu halten, dieser ist Träger der „Polizeipflicht". Wegen des allgemeinen Interesses ist auch der privatrechtlich zur Aufsicht bestellte als Träger der Polizeipflicht anzusehen, sonst wäre ja, wenn W. in Amerika wäre, die polizeiliche Anordnung nicht durchzusetzen. Aber auch wenn W. auf einer Geschäftsreise ist, ist A. als verpflichtet anzusehen, selbst wenn ihm der Wirt die Reparatur untersagt hat. Seine öffentlich-rechtliche Verpflichtung geht seiner privatrechtlichen vor. Auch daß nur das Nachbarhaus getroffen werden könnte, ist kein durchschlagender Einwand. Nach § 10, II, 17 ALR. genügt die Gefährdung einzelner, weiteres ist nicht erforderlich. Daß das Nachbarhaus später gebaut ist, ist kein Verzicht auf polizeilichen Schutz; auf öffentliche Rechte kann nicht verzichtet werden.

Dem A. ist daher nicht zur Einlegung des Rechtsmittels zu raten.

2.

B. hat auch gegen die Androhung des Zwangsmittels die erwähnten Rechtsbehelfe (LVG. § 133). B. ist, obwohl Vermieter, als Träger der Polizeipflicht anzusehen; er hat die Pflicht der ordnungsmäßigen Aufsicht über das Haus und muß zivilrechtlich ev. gegen die Mieter einschreiten. (Stellen diese den polizeiwidrigen Zustand her, so kann sich die Polizei auch an sie halten.) Ob allerdings die Polizei auch dann gegen ihn vorgehen kann, wenn er alles mögliche getan hat, um der Polizeiverfügung zu genügen, die Mieter aber seinen Anordnungen nicht nachkommen, erscheint zweifelhaft. Nach § 132 LVG. werden durch Festsetzung von Strafen auch Unterlassungen erzwungen. Jede Zuwiderhandlung schafft den polizeiwidrigen Zustand, der nicht eintreten soll. Die Androhung der Strafe ist darum nur einmal erforderlich. E. wird auch nicht zu einer unbestimmten Anzahl von Handlungen, sondern zu einer „Unterlassung" verpflichtet. Eine Frist ist nur für die „Ausführung" einer Handlung zu setzen. (OVG. 16, 391.)

3.

K. ist als Träger der Polizeipflicht anzusehen. Er ist gemäß § 6 KO. Abs. 2 Verwalter des gesamten zur Konkursmasse gehörigen Vermögens. Er trifft selbständig die erforderlichen Maßnahmen und an ihn, als den Verwalter, muß sich daher auch die Polizei halten. Er wird ja auch nicht „haftbar" gemacht, so daß ihn persönlich irgendwie Kosten treffen sollen, sondern von ihm wird eine Verwaltungsmaßregel mit Bezug auf das die Konkursmasse bildende Vermögen verlangt, für das diese haftet (KO. § 58 Nr. 2), wie für jede zivilrechtliche wirksame Anordnung. Es würde ja auch das Vermögen des Z., wenn er nicht im Konkurs wäre, für eine polizeiliche Anordnung zu haften haben. Dagegen ist die Einwendung, soweit sie das materiell-rechtliche betrifft, beachtlich. Es ist allgemein anerkannt, daß die Polizei nur solche Maßregeln verlangen kann, die dem Zweck genügen. Entsprechen die Schuppen nicht der Bauordnung, so genügt ihr Umbau, um den polizeiwidrigen Zustand abzustellen. (OVG. 13, 397).

4.

Der Amtsvorsteher übt die Ortspolizei aus. (Kreisordnung von 1872/1881 § 59 Ziffer 1 Stier-Somlo, S. 477). Vgl. auch Gewerbeordnung § 33, 147. Das Verfahren des H. ist durch die Gewerbeordnung § 147 unter Strafe gestellt. Das kann aber nicht der Polizei das Recht nehmen, in den Grenzen des ALR. 10, II, 17 vorbeugend solche Gesetzesübertretungen zu verhindern (Präventivpolizei). Jedoch nur mit gestatteten Mitteln. Sie kann nicht schärfere Maßregeln anwenden, als die im Gesetze gegebenen; also als die in § 147 angedrohten. Daher ist auch das Schließen des Geschäftes bei Verurteilung unzulässig. Vgl. noch GO. § 53. (OVG. 13, 424).

5.

Die Höhe der Strafe ist nicht ungesetzlich. Da hier die Genehmigung des Regierungspräsidenten gegeben ist, handelt es sich um eine Ortspolizeiverordnung in einem Stadtkreis nach § 144 LVG. Vgl. auch § 5 des Gesetzes über die Polizeiverwaltung von 1850. Die Verordnung hält sich innerhalb des Rahmens der polizeilichen Zuständigkeit. Daher ist auch die Verfügung an M. zu Recht ergangen. Der Anschluß an die Wasserleitung hat nicht nur den Rentabilitätszweck, vielmehr ist er auch zur Sicherheit vor Feuersgefahr und wegen Gefährdung durch Genuß schlechten Wassers erforderlich und entspricht somit dem § 10, II 17 ALR., wie dem § 6 f, g, des Gesetzes von 1850. Wenn aber die Verordnung an sich rechtsgültig ist, so kommt es nicht darauf an, ob es noch andere sicherheitspolizeiliche Mittel gibt, um so mehr, da hier auch Sicherung gegen Feuersgefahr gegeben sein soll. Schließlich kommt es auch nicht darauf an, ob der einzelne dem polizeimäßigen Zustand ohne Verordnung genügt. Die Verordnung richtet sich an alle und muß von allen befolgt werden. (OVG. 28, 354; 31, 360.)

6.

Verfügung des Amtsvorstehers, siehe Fall 4. Strafe LVG. § 132. Die Polizei hat sich bei allen ihren Anordnungen,

Verordnungen, Verfügungen sowie allen Handlungen innerhalb der ihr durch die Gesetze (Vorbemerkung) gezogenen Grenzen zu halten. Die hier von ihr verlangte Rückgabe des Schreibens ist durch nichts gerechtfertigt. Es ist nicht die „nötige Anstalt zur Erhaltung der Ordnung", denn wenn der Amtsvorsteher den Inhalt seines Schreibens zu seinen Akten haben will, so muß er davon, wie üblich, Kopie nehmen. A. braucht also der Verfügung nicht nachzukommen. Wegen der Rechtsmittel vgl. LVG. § 133. (OVG. 56, 296).

7.

Die Polizeiverfügung ist nach § 10, II 17 ALR. und § 6 f (Gesetz von 1850) begründet. Sie ist im Interesse der Gesundheit und der Sittlichkeit erlassen und überall dort zu Recht bestehend, wo ein Verkehr von Menschen stattfindet, sicherlich also in D. und E.; ob auch auf den Stationen zwischen D. und E. ist Tatfrage. Nur bei größerem Verkehr ist die Errichtung von Bedürfnisanstalten erforderlich. Die Anordnung kann ebenso an öffentliche Korporationen erlassen werden wie an Private. Auch für die ersten gelten die zitierten Gesetzesbestimmungen. Die hier erlassene Anordnung ist nicht mit einer Anordnung, Trinkbrunnen zu errichten, vergleichbar. Diese würde deshalb den Rahmen der polizeilichen Anordnung überschreiten, weil die Errichtung von Brunnen nicht unbedingt zur Erhaltung der Gesundheit erforderlich ist. Auch an eine Einzelperson, S., kann aus den besprochenen Gründen die Verfügung gerichtet werden. S. muß ihr nachkommen, seine öffentlich-rechtliche Verpflichtung (er ist Träger der Polizeipflicht) geht privatrechtlichen Abmachungen vor. Ihm wird die privatrechtliche Leistung nachträglich unmöglich (§ 275 BGB.). N. kann aber gegen die Polizei nach § 4 des Gesetzes über die Zulässigkeit des Rechtswegs in Beziehung auf polizeiliche Verfügungen von 1842 Schadensersatz verlangen. (OVG. 7, 389; 12, 387).

8.

Polizeiliche Strafverfügungen vgl. StPO. § 453 ff. Einzelthemata 3. Die Ortspolizeiverordnung ist ergangen auf Grund des § 6 f. Sie ist gültig, wenn sie innerhalb des § 10, II 17 ALR. sich hält, denn das ist für die Gültigkeit aller nach § 6 ergangenen Verordnungen notwendig; sonst würden sie mit dem Gesetz im Widerspruch stehen, § 15. Wenn alle Brunnen tatsächlich ungefährlich sind, ist die Polizeiverordnung ungültig. Diese Prüfung liegt dem Gerichte ob, § 17. Ist nur der Brunnen des A. ungefährlich, so ist die Verordnung zu Recht ergangen, Notwendigkeit und Zweckmäßigkeit hat das Gericht nicht zu prüfen, § 17.

9.

Vgl. Impfgesetz vom 8. April 1874; insbesondere §§ 1, 4, 12, 14. Für die Unterlassung der Impfung ist in § 14 Strafe angedroht. So erhebt sich die Frage, ob überhaupt, wenn zur Erzwingung einer Handlung gesetzlich eine Strafe bestimmt ist, auch noch die Polizei eine Strafe festsetzen kann. Dies ist anzunehmen. Das Recht der Polizei ist ein Sonderrecht, das nur dann ausgeschlossen ist, wenn es ausdrücklich gesagt ist. Neben dem Gesetze kann die Polizei im Rahmen ihrer Tätigkeit nach § 132 LVG. vorgehen. Das verstößt nicht gegen den Grundsatz: ne bis in idem. Sie kann aber nicht dieselbe Strafe androhen wie das Gesetz, also hier Geldstrafe, denn für die Einzelstrafe ist das Gesetz allein maßgebend. Sie kann vielmehr nur nach § 132 LVG. Nr. 3 verfahren.

Auch wenn A. schon verurteilt ist, kann die Polizei noch gegen ihn vorgehen. Die Verurteilung befreit nach dem Inhalt des Gesetzes ja nicht vom Impfzwang. Dagegen kann nach dem oben Gesagten, wenn schon eine Geldstrafe gegen ihn festgesetzt ist, eine nochmalige Verurteilung nicht erfolgen. Der unmittelbare Zwang gegen die Kinder ist nach LVG. § 132 Nr. 3 zulässig. (OVG. 23, 387; Juristen-Zeitung Bd. XV S. 542; vgl. auch OVG. 5, 281).

10.

Das Recht der Polizei, den Vermieter eines Hauses zur Beleuchtung desselben anzuhalten, ist allgemein anerkannt und beruht auf ALR. und dem Gesetz von 1850 § 6 f. Würde E.

das Haus ganz allein ohne Gesinde bewohnen, so würde die Verfügung gegen ihn allein nicht ergehen können (sehr zweifelhaft); sicher aber dann, wenn noch andere Personen im Hause weilen, deren Gesundheit gefährdet werden kann, auch wenn diese privatrechtlich unbefugt handeln; dadurch verlieren sie den Anspruch auf polizeilichen Schutz nicht. Der Einbrecher ist nicht geschützt, weil er rechtswidrig handelt; zum Schutze seines Eigentums kann E. sich einen Hund halten. Würde dieser auch harmlose Personen angreifen, könnte an E. die Verfügung wie in Fall 11 ergehen. (OVG. 23, 397; Juristen-Zeitung Bd. XV S. 665.)

11.

Der Fall liegt ähnlich wie der vorige. Kernfrage: Kann die Polizei auf Grund ihrer öffentlich-rechtlichen Befugnisse den E. in der unbeschränkten Ausübung seines ihm zweifellos nach BGB. §§ 229 ff. zustehenden Selbsthilferechts hindern? Dies ist zu bejahen. E. kann sein Recht auch nur soweit ausüben, als nicht durch öffentlich-rechtliche Grundsätze ihm Schranken gezogen werden können. (Vgl. PV. Fall 2.) Wird sein Privatweg durch den dauernden Verkehr zu einem quasi öffentlichen Weg, muß die Polizei nach ALR. § 10, II, 17 dann einschreiten, wenn für die Benutzer durch den Hund Gefahren entstehen, selbst wenn sie unbefugt den Weg ohne Zahlung von 5. Pf. benutzen. (Juristen-Zeitung Bd. XIV S. 787 ff.)

12.

§ 230 StGB. straft die fahrlässige Körperverletzung. Die Einwendungen des Verteidigers sind beachtlich. S., als Beamter des Sicherheitsdienstes, muß allen strafbaren Handlungen entgegentreten, nötigenfalls mit Gewalt, durch Körperkraft, Waffe, auch durch den (jetzt vielfach verwandten) Polizeihund. Er wird nur im Einzelfall pflichtgemäß zu prüfen haben, ob er die Verhinderung der strafbaren Handlung auch ohne Gewalt erreichen kann. Nach Möglichkeit hat er sich des Eingriffs in die Unverletzlichkeit der Person zu enthalten. Hier durfte er sich des „Pluto“ bedienen. (RGSt. 43, 132.)

13.

Zu der Verfügung ist die Polizei auf Grund des ALR. und § 6 b, f berechtigt. Fraglich ist, wer Träger der Polizeipflicht ist. E. ist jedenfalls Eigentümer der Flaschen, nach außen erscheint er als der Berechtigte. Dies genügt für die Polizei. Seine öffentlich-rechtliche Verpflichtung als Eigentümer oder als Veranlasser des polizeiwidrigen Zustandes, für die Fortschaffung der Scherben Sorge zu tragen, wird durch private Rechtsverhältnisse nicht berührt. Insbesondere kann er sich nicht durch Dereliktion befreien. Auch nicht durch den Einwand, daß der Kutscher, dem er durch Dienstvertrag das Fahren übertragen habe, schuldig sei. Auch die Frage, wer am Zusammenstoß schuldig sei, ist unerheblich. E. kann sich dann ev. an den Schuldigen halten und Schadensersatz verlangen, auch für seine durch Wegschaffung der Scherben notwendig gewordenen Aufwendungen, von seiner Polizeipflicht wird er aber dadurch nicht befreit. (OVG. 34, 434.)

14.

Kernfrage: Kann die Polizei zugunsten eines einzelnen, wenn diesem Gefahr droht, einschreiten? Auch dann, wenn dieser privatrechtlich die die Gefahr herbeiführenden Umstände zu dulden hat?

Beides ist zu bejahen. Nach ALR. § 10, II, 17 heißt es: Abwendung der dem Publiko oder „einzelnen Mitgliedern desselben“ bevorstehenden Gefahren. Das private Rechtsverhältnis zwischen M. und seinem Vermieter muß zurücktreten. (Vgl. OVG. 49, 302.)

15.

Der Fall enthält die Frage, ob es Selbsthilfe gegen polizeiliche Maßnahmen gibt. Dies ist zu verneinen. Selbsthilfe ist überall nur dort anwendbar, wo sie durch ausdrückliche Gesetzesvorschrift (BGB.) gegeben ist, sonst nicht. Insbesondere kann man nicht annehmen, daß sie einer Behörde gegenüber, die in Ausübung der ihr zustehenden öffentlich-rechtlichen Gewalt handelt, zulässig ist. Daher ist hier auch nicht zu prüfen, ob die Polizei berechtigt ist, das Schild am Zaune des K. anbringen zu lassen, und ob ihr andere Möglichkeiten zur Erreichung ihres Zwecks gegeben sind. Vielmehr ist K., solange die erste Anordnung besteht, auch verpflichtet, der zweiten Folge zu leisten. (Juristen-Zeitung Bd. XIV S. 790.)

16.

A. beruft sich auf § 6 des Gesetzes über die Zulässigkeit des Rechtsweges in Beziehung auf polizeiliche Verfügungen. Hiernach bleiben dem Geschädigten seine Rechte dann vorbehalten, wenn die polizeiliche Verfügung, die den Gegenstand des Streites bildet, als gesetzwidrig oder unzulässig aufgehoben ist. Dies ist hier aber nicht geschehen. A., der nach LVG. § 132, 1 verfahren ist, erhebt daher mit Recht die Einrede der Unzuständigkeit des Rechtswegs.

(§ 6 ist durch § 839 BGB. nicht aufgehoben; es ist eine Voraussetzung für die Anwendung von § 839; auch nicht durch EGGVG. § 11, damit ist nur die Erhebung des Konflikts gemeint.) (REZ. Bd. 51, 329; 59, 171; 20, 295.)

17.

Die Kosten der Polizeiverwaltung in Städten mit Königlicher Polizeiverwaltung sind, soweit sie unmittelbar durch die Verwaltung entstanden sind, vom Staate (Gesetz von 1892 § 1; Stier-Somlo, S. 788), sonst von den Gemeinden zu tragen (Gesetz von 1850 § 3; Stier-Somlo, S. 97). Nach § 2 des Gesetzes von 1892 fallen die „Transportkosten“ allerdings dem Staate zur Last, aber nur die unmittelbaren Transportkosten, die sich auf die Verwaltung selbst beziehen. Der Transport zur Herstellung eines polizeimäßigen Zustands verursacht erst mittelbare Kosten und ist daher von der Gemeinde zu tragen. Die Heilungskosten entstehen ebenfalls nicht durch die Verwaltung unmittelbar, wie die Stadt zugibt; sie sind daher von der Stadt zu tragen. Dagegen ist die Annahme eines Begleiters zur Durchführung der Verwaltung als unmittelbare polizeiliche

Tätigkeit anzusehen, und daher sind die dafür aufgewandten Kosten von der Stadt zu tragen. Zu der Maßnahme gegen die Prostituierten war die Polizeibehörde gemäß § 132 Nr. 3 LVG. befugt. Sie kann daher ohne weiteres von der Stadt Ersatz der Aufwendungen verlangen, da die Stadt die Kosten zu tragen hat. (OVG. 40, 123.)

18.

Die Fälle 18—20 behandeln das „Gesetz zum Schutze der persönlichen Freiheit" vom 12. Februar 1850, von dem noch die §§ 6—10 in Kraft sind. (Stier-Somlo, S. 96.) Nach § 7 des Gesetzes darf jemand in Wohnungen nur dann eintreten, wenn er von einer gesetzlich ermächtigten Behörde den Auftrag dazu bekommen hat. Die Polizeibehörde ist befugt, sich von dem Zustand von Wohnungen zu überzeugen (vgl. Einzelthemata 6) und hat daher ihre Beamten mit Recht beauftragt. Diese dürfen also sicherlich in die Wohnung des M., auch mit Gewalt, eindringen. Auf Grund des Auftrags sind sie aber auch für ermächtigt zu halten, in die Wohnung des N., wenn nötig ebenfalls mit Gewalt, einzudringen. Der Auftrag deckt ihr gesamtes Vorgehen.

19 und 20.

Die Verhaftung durch die Polizei ist in beiden Fällen gemäß § 6 des Gesetzes von 1850 gerechtfertigt. Die Aufrechterhaltung der Sicherheit und der eigene Schutz hat H.s Verhaftung, der eigene Schutz N. M.s Verhaftung erfordert (Schutzhaft).

Ortspolizeiverordnungen:

Polizeiverordnungen und Verfügungen sind dann gültig, wenn sie sich innerhalb der durch ALR. § 10, II, 17 gezogenen Grenzen halten; Verordnungen, insbesondere dann, wenn sie die in § 6 des Gesetzes vom 11. März 1850 geregelten Dinge betreffen. Es kommt also in jedem einzelnen Fall darauf an, zu untersuchen, ob die genannte Verordnung oder Verfügung unter das Gesetz zu bringen ist. Dies ist oft streitig.

1. § 6 i. Ungültig, weil durch die Jagd überhaupt die öffentliche Ruhe, Sicherheit und Ordnung nicht gestört wird. KG. 28, C 26.
2. § 6 c, f. Gültig; durch den Genuß des auf den Straßen verkauften Speiseeises droht den Kindern Gefahr. (Juristen-Zeitung **XVI**, 597.)
3. § 6 f. Gültig; wie zu 2. (Juristen-Zeitung XVII, 571.)
4. Ungültig; die Materie ist durch das Gesetz geregelt. Schulpflicht (nicht Fortbildungsschulpflicht) über das 14. Lebensjahr wird nicht unter ALR. § 10, II, 17 zu bringen sein.
5. Im Prinzip ungültig. Sehr bestritten. Die Reinigungspflicht liegt den Gemeinden ob. Verordnung nur dann, wenn sich eine Observanz (öffentlich-rechtliches Gewohnheitsrecht) gebildet hat. Wichtige Entscheidung: KG. 42, 402 (dort Reichsgericht zitiert), vgl. auch KG. 42, 398 und ferner neuerdings Gesetz über die Reinigung öffentlicher Wege. (GS. von 1912 S. 187.)
6. Ungültig, da zu weitgehend. Durch die frühere Öffnung braucht Ruhe und Sicherheit nicht gestört zu werden. Vgl. OVG. 5, 287.
7. § 6 e, f. Ungültig. Ähnlich wie 6. Vgl. Recht 1908, 822.
8. § 6 a. Gültig. Zur Erhaltung der Ordnung. Recht 1909, 38.
9. § 6 b. Gültig; wie 8.
10. § 6 e, f. Ungültig; zu weitgehend.

Polizeiverfügungen.

1. 6. Gültig; zur Erhaltung der Ordnung. Politische Demonstrationen können leicht aufreizend wirken.
2. Gültig; zur Erhaltung der Ordnung gegeben.
3. Gültig; zur Erhaltung der Sicherheit und Ordnung.
4. Gültig. Vgl. Einzelthemata 8.
5. Gültig wie 3. OVG. 43, 305.

7. Gültig. Der Vizewirt ist Träger der Polizeipflicht. Vgl. Fall 1.
8. Das Oberverwaltungsgericht hat die Verfügung für ungültig erachtet. AA. Juristenzeitung Bd. XVI S. 1539.
9. Ungültig; zu weitgehend. OVG. 32, 287.
10. Ungültig. Die Ausschmückung des Hauses ist zur Erhaltung der öffentlichen Ruhe, Sicherheit und Ordnung nicht erforderlich, auch nicht, wenn alle anderen Häuser geschmückt sind.

Einzelthemata.

1.

Die Träger der Polizeigewalt sind 1. die Minister. Sie sind die höchste Instanz für die ihnen unterstellten einzelnen Zweige der Polizei, z. B. Baupolizei unter dem Ministerium für öffentliche Arbeiten. Die Polizei als Verwaltungsbehörde im allgemeinen steht unter dem Ministerium des Innern, LVG. § 136 (Zentralpolizei). 2. Oberpräsident, LVG. § 137 vgl. § 139. 3. Regierungspräsident, LVG. § 138 vgl. § 139 (Landespolizei). 4. Landrat, LVG. § 142, Kreisordnung § 77 Abs. 2 (Stier-Somlo, S. 477). 5. Ortspolizei: a) Bürgermeister, Städteordnung § 62 (Stier-Somlo, S. 133); b) Amtsvorsteher, Kreisordnung § 59; c) Gemeindevorsteher, Landgemeindeordnung § 90 (Stier-Somlo, S. 735); d) Gutsvorsteher, Landgemeindeordnung § 123; e) Polizeipräsident § 2 des Gesetzes von 1850 (Stier-Somlo, S. 90). Vgl. LVG. §§ 143, 144.

2.

Sicherheitspolizei und Wohlfahrtspolizei waren die beiden Tätigkeitszweige der Polizei im 17. Jahrhundert. Polizei war damals aber die gesamte innere Verwaltung, soweit nicht schon besondere Verwaltungssachen von der Polizei abgesondert waren, wie Politik (auswärtige Angelegenheiten), Justiz-, Militär-, Finanzsachen. Das 18. Jahrhundert beschränkte die Polizei auf die Sicherheitspolizei, insbesondere das ALR. Beseitigung von

Gefahren ist ihre Hauptaufgabe (Sicherheitspolizei), Wohlfahrtspolizei, direkter Eingriff in Freiheit und Eigentum ist nur noch auf Grund gesetzlicher Ermächtigung möglich. Sicherheitspolizei wird heute im engeren Sinne gegenüber der Verwaltungspolizei gebraucht, der Gesamtheit der polizeilichen Tätigkeit. (Meyer-Anschütz, § 176.)

3.

Die Polizei als Organ der Verwaltung erläßt Verfügungen (Vorbemerkung), als Organ der Gesetzgebung Verordnungen (Vorbemerkung), als Organ der Strafgerichtsbarkeit die polizeilichen Strafverfügungen. StPO. §§ 453 ff., in Preußen nach dem Gesetz vom 23. April 1883.

4.

„Duplizität" des Rechtsweges bedeutet die rechtliche Möglichkeit, gegen polizeiliche Verfügungen zwei Arten von Rechtsmitteln einzulegen: Beschwerde und Klage. Das Nähere und die gesetzlichen Bestimmungen siehe Fall 1.

5.

Die Auskunftspflicht des Staatsbürgers gegenüber den Gerichten ergibt sich aus den positiven Bestimmungen der Zivilprozeß- und Strafprozeßordnung. Danach hat jeder Staatsbürger im wesentlichen Zeugnis abzulegen und dasselbe zu beeidigen (Ausnahmen sind ebenfalls bestimmt). Die Ladung der Zeugen geschieht im wesentlichen nach dem Ermessen des Gerichts. ZPO. §§ 355 ff., 373 ff.; StPO. § 218 ff. Die Auskunftspflicht des Staatsbürgers gegenüber der Polizei ist nicht so weitgehend; insbesondere erfolgt vor der Polizei keine Beeidigung; in Strafsachen gilt hier § 65 StPO. Im allgemeinen ist die Polizei auch in ihrem Verlangen nach Auskunft an die Grenzen des § 10, II, 17 ALR. gebunden. Sie kann daher z. B. nicht Auskunft verlangen, wenn sie sich dieselbe durch Einsicht von Akten, Erhebung von Ermittelungen durch ihre Beamten verschaffen kann. Andererseits kann sie aber auch zur Durchführung ihrer Anordnungen bezüglich der Auskunftspflicht nach § 132 LVG. Strafen festsetzen. (Vgl. OVG. 56, 216; 37, 428; 48, 431.)

6.

Die Frage ist zu bejahen. Den polizeiwidrigen Zustand zu beseitigen ist die Polizei nach ALR. berechtigt. Um aber überhaupt ihre Entschließungen zu treffen, muß sie sich vom Zustand des Grundstücks überzeugen können. Der polizeiliche „Augenschein“ ist die Ergänzung zur Auskunftspflicht des Staatsbürgers. (Wie im Zivil- und Strafprozeß Augenschein zur Zeugenaussage.) (OVG. 43, 414.)

7.

„Träger“ der Polizeipflicht ist derjenige, der verpflichtet ist, den Anordnungen der Polizei Folge zu leisten, d. h. einen polizeiwidrigen Zustand zu beseitigen. Hierzu ist nicht allein der Eigentümer verpflichtet; die privatrechtliche Verfügungsbefugnis deckt sich nicht mit der öffentlich-rechtlichen Verpflichtung, die vielmehr jedem obliegt, der zu dem Gegenstand in tatsächlichem Verhältnis steht, der Ursache des polizeiwidrigen Zustandes ist. So in Fall 1, Verfügungen 7: der Vizewirt; Fall 2: der Vermieter; Fall 3: der Konkursverwalter; Fall 13: der frühere Eigentümer.

8.

Über das rechtmäßige Bestehen der Theaterzensur in Preußen herrschen kaum noch Zweifel. Wenn man zugibt, daß Theaterstücke und ihre Aufführungen nicht unter das Preßgesetz fallen (§ 1 des Gesetzes von 1874; Sartorius, S. 138), auch nicht unter PV. Art. 27, weil hierin die Theateraufführung nicht genannt, die Aufzählung des Art. aber erschöpfend ist, so muß man weiter zugeben, daß die Polizei auch hier gemäß § 10, II, 17 ALR. einschreiten kann zur Erhaltung der öffentlichen Ordnung wegen etwaiger Gefährdung der Sittlichkeit. (OVG. 24, 311.)

9.

§ 6 i will nicht außerhalb des sonstigen Rechtes für die Polizei die Möglichkeit schaffen, nach Belieben Verordnungen zu erlassen, vielmehr will er nur andeuten, daß § 6 exemplifikativ ist und daß ähnliche Verordnungen als die dort genannten zulässig sind, und zwar auch ohne einen anderen Rechtsgrund als den § 10, II, 17 ALR. Andererseits müssen aber die auf Grund des § 6 i ergehenden Verordnungen ebenfalls nach ALR zulässig sein und dürfen dessen Grenzen nicht überschreiten.

10.

Die hier in Betracht kommenden Fragen sind schon im Fall 16 behandelt, auf den verwiesen wird.

IV. Reichsgesetze.

1.

Nach dem Freizügigkeitsgesetz vom 1. November 1867 (Sartorius, S. 54) kann im Prinzip ein Reichsangehöriger nicht ausgewiesen werden. (Vgl. §§ 1, 12.) Eine Ausnahme macht § 5, der hier in Betracht kommt. Denn da A. erst seit einem halben Jahre in S. lebt, hat er den Unterstützungswohnsitz noch nicht erworben. (Vgl. § 10 des Gesetzes über den Unterstützungswohnsitz vom 30. Mai 1908. Sartorius, S. 455.) Zudem ist die Arbeitsunfähigkeit des A. auch nicht nur vorübergehend. Der Magistrat ist also zu dem Ausweisungsbeschlusse berechtigt. Wer den Beschluß auszuführen hat, ist im Gesetze nicht gesagt. Es ist daher anzunehmen, daß die Ausführung der Polizei nach allgemeinen Grundsätzen (ALR.) obliegt. Diese muß nach § 127 LVG. die Anordnung mit Zwang, ev. durch unmittelbaren Zwang durchsetzen. Vgl. noch § 31 des Unterstützungswohnsitzgesetzes. (OVG. 7, 364.)

3.

Für die Fälle 3—6 kommt in Betracht das Gesetz über die Beurkundung des Personenstandes und die Eheschließung vom 6. Februar 1875 (Sartorius, S. 162). Vgl. insbesondere die §§ 1, 12, 16. Nach § 17 des Gesetzes ist die Geburt eines Kindes binnen einer Woche anzuzeigen. Hier ist die Anzeige erst nach zehn Tagen gemacht, also zu spät. Die Anzeigepflicht ist verletzt und nach § 68 ist strafrechtlich gegen den Verpflichteten einzuschreiten. Verpflichtet sind die in § 18 genannten Personen mit der Einschränkung des Abs. 2. In erster Linie ist A. verpflichtet. Nach § 19 kann er selbst die Anzeige machen oder durch eine aus eigener Wissenschaft unterrichtete Person (persönliche Anwesenheit ist nicht erforderlich) machen lassen, jedoch mündlich. Würde B. sofort die Anzeige gemacht haben (persönlich), würde das genügen. Schon so trifft A. die strafrechtliche Verantwortung; daß er sich auf B. verließ, befreit ihn nicht. Das bloße Fehlen der Anzeige macht ihn strafbar. Die Hebamme ist nicht zu bestrafen. A. ist in erster Linie verpflichtet gewesen und war an der Anzeige nicht verhindert (Abs. 2), er fuhr erst am Tage nach der Geburt ab. Im zweiten Fall kann auch die Mutter (Nr. 5) bestraft werden, wenn sie eine Woche nach Widerherstellung die Anzeige nicht gemacht hat und vorher die Anzeige in zulässiger Form nicht gemacht ist. (§ 69 Satz 2.)

4.

Die Eintragung in das Geburtsregister ist gemäß § 25 erfolgt; am Rande gemäß § 26. Die Berichtigung soll nach §§ 65, 66 durch das Amtsgericht erfolgen (§ 69 FGG.). In Frage steht hier die Bedeutung der Eintragung der Anerkennung. Diese unterscheidet sich von den sonstigen Eintragungen, die alle Tatsachen (Geburt, Ehe, Sterbefall) dartun; hier wird eine rechtsgeschäftliche Willenserklärung eingetragen, die die im § 1720 Abs. 2 BGB. bestimmte Vermutung zur Folge hat, während die eingetragenen Tatsachen die weitergehende Vermutung des § 15 für sich haben; vgl. § 418 ZPO. Daraus ist zu schließen, daß die Berichtigung nach § 65 nur für die Tatsachen nach § 15 in Betracht kommt. Mit der Eintragung entsteht die Vermutung, die auch durch Löschung nicht zu beseitigen ist, vielmehr nur gemäß § 292 ZPO. (RGZ. 68, 60; vgl. KG. 42, 81.)

5.

§ 67 stellt das Erfordernis, daß die Ehe vor einem deutschen Standesbeamten geschlossen sein müsse, nicht auf; die bürgerliche Eheschließung als solche nach den Gesetzen des Landes, in dem sie vorgenommen ist, muß daher genügen. Es kommt aber nicht darauf an, daß der Religionsbeamte wisse oder nicht wisse, daß solche gültige Ehe geschlossen ist, sondern darauf, daß er die Überzeugung hat, der Abschluß der Ehe sei ihm zur Gewißheit „nachgewiesen". Wenn er diese Überzeugung nicht hat — und O. konnte sie nach dem eigenen Vorbringen seines Verteidigers nicht haben — verstößt er gegen § 67. Sein Irrtum ist dann unerheblich, weil es auf etwas anderes ankommt (Überzeugung vom Nachweis) als auf das, worin er sich geirrt hat (Glaube, die Ehe sei gültig geschlossen). Er ist daher zu bestrafen. (RGSt. 13, 336).

6.

Vgl. § 69. § 45 legt dem Standesbeamten eine besondere Prüfungspflicht nicht auf. Der Abs. 4 bezieht sich nur darauf, daß der Standesbeamte durch eidesstattliche Versicherung sich Gewißheit verschaffen kann, wenn die Urkunden des Abs. 2 ihm nicht genügend sicher erscheinen. Aus allgemeinen Erwägungen heraus wird man nur sagen können, daß der Standesbeamte, wenn er sicher weiß, daß ein Verlobter verheiratet ist, die Eheschließung ablehnen muß, daß er aber nicht nach Gerüchten sich zu richten hat. Er hat vorliegend keine Rechtsvorschrift verletzt. Vgl. BGB. §§ 1317 ff. und § 48. (RGZ. 16, 386.)

7.

Die Fälle 7—10 behandeln das Gesetz über die Erwerbung und den Verlust der Bundes- und Staatsangehörigkeit vom 1. Juni 1870. (Sartorius, S. 102.) Offiziere sind begrifflich Beamte (man unterscheidet: Zivil- und Militärbeamte), und zwar unmittelbare Staats- (nicht Reichs-) Beamte. (Vgl. RV. Einzelthemata 11.) Deshalb findet auf sie § 9 des Staatsangehörigkeitsgesetzes Anwendung. Ihre Anstellung ersetzt die Naturalisation § 10. Sie erwerben die Staatsangehörigkeit im Bundesstaate ihres dienstlichen Wohnsitzes § 9 Abs. 2. Der dienstliche Wohnsitz ist nach BGB. § 9 der Garnisonort. D. wird also, obwohl bayrischer Staatsbeamter, elsaß-lothringischer „Landesangehöriger". Elsaß-Lothringen ist kein Bundesstaat. (Vgl. RV. Fall 26, 27.) Es gibt also dort keine „Staats"-angehörigkeit. (Meyer-Anschütz, §§ 76, 144.)

8.

Nach § 21 tritt durch zehnjährigen ununterbrochenen Aufenthalt im Ausland der Verlust der Staatsangehörigkeit ein. Von der Möglichkeit, diese zehnjährige Frist auf eine fünfjährige zu kürzen, ist Gebrauch gemacht durch den sog. Bancroftvertrag mit den Vereinigten Staaten (1868). Danach verlieren Angehörige der Vertragsstaaten schon durch fünfjährigen Aufenthalt im anderen Staat, wenn sie dort naturalisiert werden, ihre Staatsangehörigkeit. A. ist also, als er im September oder Dezember 1905 zurückkehrt, nicht mehr Deutscher, mithin nicht mehr wehrpflichtig. Vgl. Art. 57 der RV.: Jeder „Deutsche" ist wehrpflichtig. Erst, wenn A. wieder zwei Jahre in Deutschland geblieben ist, braucht nach dem Bancroftvertrag A. nicht mehr als Amerikaner angesehen zu werden und ist dann wieder dienstpflichtig. (Reichsmilitärgesetz vom 2. Mai 1874 § 11.) Hat sich A. in die Liste des dortigen Konsuls eintragen lassen, ist er Deutscher geblieben (§ 21) und ist dann dienstpflichtig. A. hat auch, obwohl er bei der Auswanderung noch minderjährig ist, die Staatsangehörigkeit verloren; ein rechtlicher Wille wird für den Verlust nicht erfordert. Die Tatsache des Aufenthaltes genügt. (RGSt. 23, 407; 30, 326 ff. Meyer-Anschütz, §§ 79, 225.)

9.

Der Verlust der Staatsangehörigkeit tritt nach § 21 durch zehnjährigen „ununterbrochenen" Aufenthalt im Ausland ein. A. hat durch den Kuraufenthalt in Baden-Baden den Auslandsaufenthalt „unterbrochen". Auch die vorübergehende Anwesenheit in Deutschland ist zur Erhaltung der Reichsangehörigkeit für genügend zu erachten. Das Gesetz hat dies durch das Wort „ununterbrochen" zum Ausdruck gebracht. Die Staatsangehörigkeit A.s ist 1. September 1905 erloschen. Andererseits genügt der „Aufenthalt" im Ausland. Das Beibehalten einer Wohnung erhält die Staatsangehörigkeit nicht. Wohnung ist ja nicht einmal mit Wohnsitz identisch. Vgl. auch § 12.

10.

Über die Naturalisation vgl. § 2 Nr. 5, § 6, § 8, § 10 und Einzelthemata Nr. 4. Die Erteilung der Naturalisation ist völlig in das Belieben der Verwaltungsbehörde gestellt, in Preußen des Regierungspräsidenten (Zuständigkeitsgesetz vom 1. August 1883 § 155; Stier-Somlo, S. 600); wenn er sie erteilen will, hat er § 8 zu beachten. Da die Naturalisation in sein Belieben gestellt ist, kann er sie von weiteren Bedingungen abhängig machen (Militärtauglichkeit). Der Erwerb der Staatsangehörigkeit tritt ein mit der „Aushändigung". Diese hat rechtliche Wirkung. Daher ist ein Irrtum unerheblich, ebenso das spätere Bekanntwerden von K.s Delikten. K. ist Staatsbürger geworden. Die Urkunde darf ihm nicht wieder abgenommen werden, er kann nicht ausgewiesen werden. Vgl. Fall 1 und § 12 Abs. 2 des Freizügigkeitsgesetzes. (Die Ausweisung „lästiger" Ausländer erfolgt durch die Polizei.) Er kann also auch gemäß § 130 LVG. klagen. Anders im zweiten Fall. Hier ist ihm die Urkunde nicht „ausgehändigt"; er hat sie sich gewissermaßen selbst genommen. (OVG. 55, 234.)

11.

Die Fälle 11—13 behandeln das Gesetz über das Postwesen des Deutschen Reichs vom 28. Oktober 1871 (Sartorius, S. 112).

Die Post verlangt den vierfachen Betrag auf Grund des § 27 Nr. 1 (vgl. Nr. 2, die nicht Anwendung findet). Vgl. auch § 30 (Verfahren Abschnitt V). Dem Postzwang unterliegen nach § 1 „Briefe". Darunter ist nicht nur das zu verstehen, was im gewöhnlichen Leben darunter verstanden wird: persönliche Mitteilungen im geschlossenen, mit bestimmter Adresse versehenem Kuvert, sondern auch Warenpreisverzeichnisse, Anpreisungen usw., sobald sie durch das verschlossene Kuvert einen persönlichen Charakter erhalten. Auch die Adressierung von vornherein ist nicht erforderlich. Dies ergibt sich auch aus Abs. 3 des § 1: Fakturen usw. sollen Paketen nur beigelegt werden dürfen, wenn sie sich auf deren Inhalt beziehen. Der Abzug des Portos ist im Gesetz nicht gestattet. B. hat sich der Beihilfe (§ 49 StGB.) schuldig gemacht. (RGSt. 37, 280; 25, 20.)

12.

Nach § 1 unterliegen dem Postzwang nur Briefe und Zeitungen, Pakete nicht. Die Beförderung dieser verstößt also auf keinen Fall gegen das Postgesetz; auch nicht die Mitbeförderung unverschlossener Briefe in den Paketen, die sich auf deren Inhalt beziehen (§ 1 Abs. 3). Sonst ist die Beförderung von Briefen, gleichviel welchen Inhalts, wenn sie verschlossen sind, gegen Bezahlung nur durch „expresse Boten" oder Fuhren gestattet § 2. Das Gesetz definiert nicht. Expresser Bote ist, wer sich aus Anlaß und zum Zwecke der Ausführung eines Beförderungsvertrages von einem Ort zu einem anderen begibt, gleichviel, ob einmalig oder wiederholt. Er darf aber nur zur Beförderung den Weg machen. Dies tut der Omnibus des F. nicht (er ist Gelegenheitsfuhre), wird auch nicht durch die Regelmäßigkeit expresser. Daher verstößt die Mitgabe der Briefe gegen das Postgesetz. Seinem eigenen Fuhrwerk kann K. Briefe mitgeben, weil dann keine Bezahlung erfolgt (§ 1 „gegen Bezahlung"). (RGSt. 20, 124; 25, 290.)

13.

Das Reichsgericht hat sich konstant auf den Standpunkt gestellt, daß die Messengerboyinstitute unter die Anstalten fallen, die § 2a treffen wollte. Im Absendeort kann die Beförderung von verschlossenen Briefen auch durch nicht expresse Boten erfolgen mit zwei Ausnahmen: a) sie dürfen die Einsammlung nicht gewerbsmäßig betreiben, b) nicht im Dienst einer „Privatbeförderungsanstalt" stehen. Solche aber ist das Institut. Daß es daneben noch andere Dienstleistungen übernimmt, ist unbeachtlich. Ev. kann die Anstalt nachweisen, daß in jedem Einzelfall der Bote expresser ist nach § 2. (RGSt. 43, 31.)

14.

Die Fälle 14—17 behandeln das Gesetz über die Presse vom 7. Mai 1874.

Nach § 6 muß im Prinzip jede „Druckschrift“ Name und Wohnort des Druckers enthalten; ausgenommen sind nach § 2 die den Zwecken ... des Verkehrs, des ... geselligen Lebens dienenden Druckschriften ... Die Aufzeichnung ist nicht erschöpfend, ähnliche Druckschriften fallen darunter. Bei der Ansichtspostkarte kommt es darauf an, was sie darstellt. Enthält sie beispielsweise eine Landschaft, dient sie dem geselligen Leben, enthält sie das Bild eines Abgeordneten mit längerer Unterschrift politischen Inhalts, dient sie nicht mehr allein dem geselligen Verkehr und ist nach Abs. 1 zu behandeln. D. ist ev. nach § 19 Nr. 1 strafbar. (Vgl. § 18 Nr. 1.) V. ist nur strafbar, wenn er fahrlässig handelt (da Vorsatz, § 18, nicht vorliegt); Fahrlässigkeit wird bei ihm kaum anzunehmen sein. (RESt. 36, 11.)

15.

Die Berichtigungspflicht des verantwortlichen Redakteurs erstreckt sich auf „Tatsachen“, § 11. In welcher Weise diese dargestellt sein müssen, sagt das Gesetz nicht. Daher ist anzunehmen, daß „bildlich“ dargestellte Tatsachen (Annahme von Geld) ebenso berichtigt werden müssen, wie wörtlich dargestellte. Der Abdruck muß in demselben Teil der Druckschrift erfolgen (Abs. 2), also auch in der Beilage, gleichviel, wie oft diese erscheint. Die Berichtigung erstreckt sich nur auf „tatsächliche Angaben“. Der letzte Satz kann daher fortgelassen werden. Bei Nichtaufnahme der Berichtigung wird der Redakteur nach § 19 Nr. 3 (auf Antrag! Abs. 2) bestraft. Weitere Zwangsmaßregeln gibt es nicht. (Juristen-Zeitung Bd. XIV S. 432.)

16.

Preßdelikte sind entweder formelle Verstöße gegen die Ordnungsvorschriften Abschnitt II, oder materielle, durch den Inhalt begangene strafbare Handlungen. Der Fall behandelt die streitige Frage, ob eine „Körperverletzung“ durch die Presse begangen werden kann. (Ähnlich, wenn jemand durch Karte oder Brief Aufregung erleidet.) Die Frage ist zu bejahen. Zweifelsfrei kann eine Beleidigung durch die Presse begangen werden.

Die Presse ist ein Mittel der Begehung wie ein Werkzeug; wer sich ihrer bedient, muß für die Folgen haften. Daß die Krankheit des S. die Folge der beleidigenden Artikel ist, ist anzunehmen. Kausalzusammenhang ist also vorhanden. (Juristen-Zeitung Bd. XVII S. 1237.)

17.

Nach § 20 Abs. 2 ist in erster Linie für die durch die Presse begangenen strafbaren Handlungeu 'der „verantwortliche Redakteur" zu bestrafen. Wer verantwortlicher Redakteur ist, ist überaus bestritten (§ 7). Einige nehmen an, der nach § 7 auf der Zeitschrift bezeichnete (Sitzredakteur), das Reichsgericht steht auf dem Standpunkt, daß der wirkliche beaufsichtigende, erste Redakteur der verantwortliche ist. Hiernach ist Nadel nach § 20 schon deshalb nicht zu bestrafen. Ev. aber wird auch durch die besonderen Umstände (Schneider — französische Sprache) die Annahme seiner Täterschaft ausgeschlossen. Schwarz kann nach § 20 nicht bestraft werden. Ist eine Bestrafung wegen Täterschaft oder Teilnahme nach § 20 nicht möglich, tritt § 21 subsidiär ein. Wenn Nadel nicht verantwortlicher Redakteur ist, ist er auch nach § 21 nicht zu bestrafen, da er nicht zu den dort aufgeführten Personen gehört. Schwarz kommt als Drucker in Frage. Jedoch handelt er ohne weiteres nicht fahrlässig, wenn er die Artikel druckt. Wenn er sich aber bewußt ist, daß die Artikel strafbar sind, ist Fahrlässigkeit anzunehmen. Wo der strafbare Artikel steht, ob im Text, Hauptteil, Feuilleton, Briefkasten, ist gleichgültig.

Es liegt übrigens auch ein Verstoß gegen § 7 vor (§§ 18, 19). Name und Wohnort des verantwortlichen Redakteurs ist anzugeben. „Redaktion Dunkelgasse 3" genügt auch dann nicht, wenn man annimmt, daß Nadel verantwortlicher Redakteur ist. (RGSt. 35, 271; 6, 366.)

18.

Die Naturalisation in den Schutzgebieten verleiht unmittelbare Reichsangehörigkeit. (§ 9 des Schutzgebietsgesetzes vom 25. Juli 1900; Sartorius, S. 325.) Auf die Naturalisation findet das Staatsangehörigkeitsgesetz entsprechende Anwendung.

(Fälle 7—10; Einzelthemata 3.) Hiernach wird der Angehörige eines anderen Bundesstaates, also eine Person deutscher Reichsangehörigkeit, in dem anderen Bundesstaat nach Antrag aufgenommen (§ 7). Dies muß auch bei entsprechender Anwendung für das Aufnahmegesuch unmittelbar Reichsangehöriger gelten. Die Naturalisation erstreckt sich nach § 11 auf die minderjährigen Kinder, die unter elterlicher Gewalt stehen. Die Chinesin hat diese aber nicht, § 1707 BGB., folglich erstreckt sich die Naturalisation nicht auf ihr Kind.

19.

Die Fälle 19—21 behandeln das Reichsbeamtengesetz vom 17. Mai 1907. (Sartorius, S. 396.) Die gestellte Frage hängt einmal mit dem Etatrecht zusammen. Der Anspruch der Reichsbeamten ist unabhängig davon gegeben, ob er im Etat aufgenommen ist oder nicht. Der Reichskanzler kann es verlangen, auch wenn es gestrichen wird. (Vgl. PV. Fall 15, Einzelthemata 7.) Der Beamte hat aber auch den Rechtsweg für seinen Anspruch. Reichsbeamtengesetz §§ 149 ff. Vgl. auch § 35.

20.

Disziplinarverfahren §§ 72 ff. (Vgl. auch §§ 134 ff.) Die besondere öffentlich-rechtliche Stellung des Beamten erfordert es, daß neben der allgemeinen Gerichtsbarkeit über ihn noch eine besondere besteht, die sich in der Hauptsache mit seinem Beamtenverhältnis befaßt. Der Grundsatz „ne bis in idem" wird dadurch nicht verletzt. Das Reichsbeamtengesetz trifft für einzelne Fragen eine Regelung. Erfolgt Freisprechung: § 78 Abs. 1; Verurteilung: § 78 Abs. 2. Das letzte muß auch für den Fall der Begnadigung gelten. Praktisch wird die Behörde dann wohl vom Disziplinarverfahren absehen. Die Abhängigkeit des Disziplinarrichters vom Strafrichter ist streitig; bei der Verschiedenheit der Gerichte ist wohl Unabhängigkeit anzunehmen. (Meyer-Anschütz, § 148; OVG. 22, 428).

21.

Gemäß § 156 haben die Reichstagsbeamten die Rechte und Pflichten der Reichsbeamten. Sie werden angestellt vom

Reichstagspräsidenten, der ihre vorgesetzte Behörde ist und die Rechte ihnen gegenüber hat wie die Behörde anderen Beamten gegenüber. Das Lesen des „Simplizissimus“ während der Dienststunden sieht der Präsident wohl als Verstoß gegen § 10 an. A. darf nicht Mitredakteur sein, wenn damit eine fortlaufende Remuneration verbunden ist, § 16. Das Kandidieren um den Stadtverordnetenposten ist gestattet. Ordnungsstrafe kann die Behörde ohne förmliches Verfahren wie hier festsetzen. Verweis: §§ 13 ff., 80, 82, Geldstrafe §§ 81, 82. Die Höhe der Geldstrafe nach §§ 81, 74 Nr. 3 kann, da der Präsident für A. die oberste Behörde ist, bis zur Höhe des monatlichen Gehalts gehen, aber nicht darüber hinaus. Entfernung aus dem Amt ist nicht zulässig § 84. Rechtsmittel: § 83. Wer Vorgesetzter zwischen zwei Legislaturperioden ist, ist aus dem Gesetz nicht zu entnehmen, § 156 schweigt darüber.

22.

Die Fälle 22 und 23 behandeln das Vereinsgesetz vom 19. April 1908 (Sartorius, S. 446). Das „Gartenfest“ ist als „öffentliche Versammlung unter freiem Himmel“ anzusehen § 7 (streitig) und bedarf der Genehmigung. Den Beauftragten der Polizei muß daher der Zutritt gestattet werden, § 13 Abs. 1. Die Versammlung kann wegen mangelnder Genehmigung aufgelöst werden § 14 Nr. 2. Vgl. § 16; aus anderen, nicht in § 14 enthaltenen Gründen nicht, Rechtsmittel §§ 15, 2.

23.

Vgl. § 6 Abs. 2, § 17, § 5. Eine Auflösung kann nur aus den in § 14 bezeichneten Gründen erfolgen. Darunter gehört nicht das Versäumen der Anzeige einer anzeigepflichtigen Versammlung. Aber die „Wahlversammlung“ bleibt eine solche, wenn auch daran Frauen und Nichtwahlberechtigte teilnehmen; es kommt auf den Zweck an. Vgl. aber § 18 Nr. 2.

24.

In Betracht kommt das Gesetz über den Unterstützungswohnsitz vom 30. Mai 1908 (Sartorius, S. 455). S. hat in

München gemäß §§ 9, 10 durch ununterbrochenen Aufenthalt einen vorläufigen Unterstützungswohnsitz erworben. Die Reise nach Berlin in den Ferien ist eine freiwillige Entfernung. Die Beibehaltung des Zimmers dokumentiert die Absicht der Rückkehr § 13. Hier ist er endgültig zu unterstützen §§ 10, 28. Anders, wenn er die Wohnung aufgibt, dann erhellt die Absicht der Rückkehr nicht § 13. Dann erwirbt er keinen Unterstützungswohnsitz in München, behält vielmehr den früheren in Berlin am Wohnsitz des Vaters § 18. Dann kann sich München, das ihn vorläufig zu unterstützen hat § 28, nach § 30 Buchstabe a an Berlin halten. (Vgl. § 30 a.) Im ersten Fall München, im zweiten Berlin an den Vater § 62, auch an S. selbst nach allgemeinen Grundsätzen. Der in der letzten Frage liegende Einwand kann nicht erhoben werden, da § 30 nicht davon spricht. (Juristen-Zeitung Bd. XV S. 597; Bd. XVI Spruchsammlung S. 126, 128.)

Einzelthemata.

1.

Das Recht auf den Aufenthalt im Staate kommt lediglich den Staatsangehörigen zu. (Siehe 3.) Zwar sind auch nach Völkerrecht Ausländer zum Aufenthalt im Staate berechtigt (chinesische Mauer!), sie können aber jederzeit ausgeliefert und ausgewiesen werden. (Freizügigkeitsgesetz § 12 Abs. 2. Fall 10, 1.) Inländer können weder ausgewiesen werden noch ausgeliefert werden. (StGB. § 9.) Dies Prinzip ist nur mit Bezug auf das Armenrecht unterbrochen. Näheres Fall 1. (Meyer-Anschütz, § 215.)

2.

Die Standesregister beweisen diejenigen Tatsachen, zu deren Beurkundung sie bestimmt sind § 15. Dies sind (§ 12) Geburtsregister: beweisen die Geburt, auch die eheliche Abstammung, denn nach § 22, 5 sollen Namen usw. der Eltern angegeben sein. Sterberegister (§§ 56 ff.) beweisen den Todesfall. Wenn in einer anderen Urkunde z. B. Heiratsurkunde, steht: Tochter oder Sohn des verstorbenen . . . ., so wird hierdurch der Tod nicht nachgewiesen. Heiratsregister (§§ 41 ff.) die geschlossene Ehe. Über die Frage der Anerkennung der Ehelichkeit siehe Fall 4.

Nur die „ordnungsmäßig geführten" Register beweisen, z. B. muß der Standesbeamte nach § 1 bestellt sein. Vgl. auch Abs. 2 des § 15. Gegenbeweis ist gemäß Abs. 1 zulässig.

3.

„Staatsangehörigkeit" bedeutet im wesentlichen das Teilnahmerecht an den „politischen" Rechten des Bürgers (droits politiques = Recht auf Teilnahme an der Staatsverwaltung, hauptsächlich Wahlrecht, auf Heeresdienst; droits civils = Recht auf Schutz im Inland, auch für Ausländer). Staatsangehörigkeit ist in Deutschland die Grundlage für die Reichsangehörigkeit. § 1 des Staatsangehörigkeitsgesetzes. In den Schutzgebieten gibt es eine unmittelbare Reichsangehörigkeit. (Schutzgebietsgesetz § 9.) Erwerb: §§ 2—12. Verlust: §§ 13—22. (Meyer-Anschütz, §§ 75 ff.)

4.

Die „Verleihung" der Staatsangehörigkeit an Staatsfremde erfolgt durch eine von der höheren Verwaltungsbehörde ausgefertigte Urkunde, §§ 6, 10, und zwar ist die Verleihung für Angehörige eines deutschen Bundesstaates: Aufnahme § 7. (Dadurch erlischt die frühere Staatsangehörigkeit nicht.) Für Angehörige ausländischer Staaten: Naturalisation §§ 8, 9. Vgl. §§ 10, 11. Damit braucht die ausländische Staatsangehörigkeit nicht aufgegeben zu werden. (Vgl. Fall 7, 8, 10.) (Meyer-Anschütz, §§ 75 ff.)

5.

„Postzwang" bedeutet die dem Staatsbürger obliegende Pflicht (gegenüber dem Recht der Post, dem „Postmonopol"), bestimmte Sachen nur durch die Post befördern zu lassen. Es sind dies die im § 1 des Postgesetzes genannten Briefe und Zeitungen. Andere Gegenstände unterliegen dem Postzwang nicht,

z. B. Drucksachen, Pakete, auch nicht der Personenverkehr. Vgl. auch § 1 a und die Ausnahmen § 2 und § 2 a. Die Verletzung des Postzwangs ist unter Strafe gestellt, Abschnitt IV und Abschnitt V.

6.

Dem „Postzwang" unterliegen politische Zeitungen, welche öfter als einmal wöchentlich erscheinen. Das letzte Merkmal ergibt sich von selbst. Zeitungen sind abzugrenzen von Zeitschriften, politische Zeitungen von wissenschaftlichen. Die Entscheidung hat sich nach dem Einzelfall zu richten. Der Postzwang erstreckt sich nicht auf den zweimaligen Umkreis ihres Ursprungsortes (d. h. Ort der Herausgabe, nicht des Druckes). § 2: Beförderung durch expressen Boten findet auch auf Zeitungen Anwendung.

7.

Die Polizei hat nur die ihr im Preßgesetz selbst gegebenen Befugnisse (soweit Drucke im Sinne des § 2 in Betracht kommen). Insbesondere gibt es keine Zensur. (Vgl. aber Polizeirecht: Einzelthemata 8.) Die Polizei prüft die Preßerzeugnisse auf den strafrechtlichen Inhalt. Daher die Vorschrift des § 9. Strafbare Handlungen ahndet das Gericht nach den Vorschriften des StGB. und der StPO. Auch die Beschlagnahme geschieht durch das Gericht nach den Vorschriften der StPO. und nach den dort gegebenen Voraussetzungen. Nur ausnahmsweise erfolgt eine „vorläufige Beschlagnahme" durch Polizei oder Staatsanwaltschaft. Auch dann muß schleunigst die Entscheidung des Gerichts eingeholt werden. Einzelheiten §§ 23 ff.

8.

Die Stellung der Schutzgebiete zum Deutschen Reich kommt im § 1 des Schutzgebietsgesetzes zum Ausdruck. Der Kaiser übt dort die Schutzgewalt im Namen des Reiches aus. Sie sind staatsrechtlich außerdeutsches Gebiet, Ausland. Dies ergibt sich aus Art. 1 der RV., nur die dort aufgezählten Gebiete sind Inland. Sie gehören aber überall dort zum Inland, wo ein

Gesetz „Inland“ nur gleichbedeutend mit dem Geltungsgebiet des Gesetzes gebraucht. Nun spricht Art. 11 RV. Abs. 2 von einem Angriff auf das Bundesgebiet. Damit ist auch ein Angriff auf das Schutzgebiet gemeint. Völkerrechtlich ist es als Inland zu betrachten. (Meyer-Anschütz, § 74; vgl. § 69a.)

9.

Reichsbeamtengesetz § 1. Reichsbeamte sind die Beamten aller Reichsbehörden, z. B. der Reichsverwaltungsbehörden, der richterlichen Reichsbehörden, ferner die elsaß-lothringischen Landesbeamten, die Beamten der Schutzgebiete. Den Anordnungen des Kaisers leisten Folge z. B. die Postbeamten. RV. Art. 50. Die Anstellung (§§ 2, 4) erfolgt durch den Kaiser (RV. Art. 18) oder die Reichsbehörde, die er beauftragt. In gewissen Fällen wirkt der Bundesrat mit. Vgl. GVG. §§ 127, 150. Vgl. Reichsbeamtengesetz § 156 Abs. 2. (Meyer-Anschütz, §§ 144, 145.)

10.

Pflichten: Gewissenhaftigkeit in der Wahrnehmung der Dienstgeschäfte und Gehorsam § 10, Dienstgeheimnis § 11, Verbot der Annahme von Titeln usw. § 15, des Nebengewerbes § 16. Rechte: Anspruch auf Rang und Titel § 17, Gehalt § 5, Wartegeld §§ 24 ff., Pension §§ 34 ff. (Meyer-Anschütz, §§ 146—150.)

11.

Die Polizei hat nur die ihr im Gesetz ausdrücklich gegebenen Rechte. (Vgl. §§ 5, 7, 9, 13, 14, 21.) Dazu sind im § 24 noch wichtige landesrechtliche Bestimmungen aufrecht erhalten. Andere Rechte hat die Polizei im Prinzip nicht § 1 Satz 2. Aufrecht erhalten sind insbesondere die sicherheitspolizeilichen Bestimmungen des Landesrechts § 1 Abs. 2; unter der dort gegebenen Einschränkung z. B. kann die Polizei überfüllte Säle sperren, innerhalb derselben bestimmte Anordnungen treffen usw. Streitig ist, ob die Polizeistunde für öffentliche Versammlungen gilt, auch ob die Polizei Versammlungen aus sicherheitspolizeilichen Gründen von vornherein verbieten kann.

12.

Unterstützungswohnsitz ist das Recht auf öffentliche Armenunterstützung, die allerdings nicht im Wege der Zivilklage zu erlangen ist § 61. Vgl. §§ 31 ff. Erwerb: Kinder § 18, 19, 20, 21. Selbständiger Erwerb §§ 9 ff. Verlust §§ 22—27

V. Preußische Gesetze.

Vorbemerkung:

Außer der zitierten Literatur ist zu den behandelten Gesetzen zu vergleichen: Brauchitsch: Die neuen preußischen Verwaltungsgesetze. Berlin. Heymann.

1.

Das zitierte Gesetz siehe Stier-Somlo S. 108. Vgl. RV. Art. 68; PV. Art. 111. Die Anordnung ist gemäß § 16 des Gesetzes erfolgt. Die Vorschrift des § 3 ist eine Sollvorschrift, nicht alle Formen brauchen gewahrt zu werden. Die Verordnung ist nicht ungültig, weil die Bekanntmachung hier nicht noch durch öffentliche Blätter erfolgt ist. Nach § 5 müßte die Außerkraftsetzung des freien Versammlungsrechts in geschlossenen Räumen ausdrücklich in der Verordnung enthalten sein. Dies ist hier nicht geschehen. Man kann daher an der Gültigkeit zweifeln. Nimmt man jedoch an, daß die Formvorschriften der erwähnten Paragraphen für § 16 nicht gelten (das Gesetz schweigt), so ist die Verordnung gültig. Der Genehmigung der Kammern bedarf solche Verordnung nicht, denn es ist im Gegensatz zu Art. 63 PV. im Gesetze dies nicht gesagt. Art. 7 ist im § 16 nicht erwähnt, kann also nicht suspendiert werden. (Arndt, Reichsverfassung zu Art. 68.)

2.

Die Fälle 2—5 behandeln die Städteordnung vom 30. Mai 1853 (Stier-Somlo, S. 133. Vgl. die anderen Städteordnungen S. 176, 235, 304, 365.)

Nach Art. 32 PV. steht das Petitionsrecht allen Preußen zu; die Verfassung sagt weiter nichts. Es ist aber zu ergänzen: jedem nur in den Angelegenheiten, die zu seiner Kompetenz gehören. (Die Reichsverfassung sagt auch nichts darüber, vgl. Art. 23.) Die Stadtverordnetenversammlung ist kompetent für Gemeindeangelegenheiten (§ 35), nur so weit steht ihr das Petitionsrecht zu. Wenn die Stadtverordnetenversammlung in ihrer Petition auch Dinge erörtert, die nicht allein Gemeindeangelegenheiten sind, so sind doch beide Angelegenheiten von örtlichem Interesse. Das muß genügen. Der Magistrat widerspricht auf Grund des § 56 Nr. 2. Das Rechtsmittel ist hier die Klage im Verwaltungsstreitverfahren nach § 15 des Zuständigkeitsgesetzes vom 1. August 1883 (Stier-Somlo, S. 600). (OVG. 13, 89; 41, 34.)

3.

Die Wahlen zur Stadtverordnetenversammlung regelt der Titel II der Städteordnung. Über die Gültigkeit der Wahlen entscheidet in erster Linie die Stadtverordnetenversammlung selbst (§ 27), gegen ihren Beschluß findet jedoch die Klage beim Bezirksausschuß statt, d. h. im Verwaltungsstreitverfahren. (Abs. 6 und § 54 Abs. 2 LVG.) Die Bürger wählen in drei Abteilungen (§ 13), daher ist von Drittelungslisten die Rede. Allgemein werden über die stimmfähigen Bürger „Wählerlisten“ geführt § 19 ff.

4.

Die Befugnisse der Stadtverordnetenversammlung und des Magistrats sind in den §§ 35 und 36 gegeben. Die Befugnisse des § 56 stehen dem Magistrat ausschließlich zu. Unter Nr. 5 finden wir: die Rechte der Stadtgemeinde zu wahren. Darunter fällt die Entscheidung über die Anstrengung der Klage. Unter Nr. 8: die Stadtgemeinde nach außen zu vertreten. Darunter fällt die Vertretung im Prozeß als Kläger und Beklagter. Ob Mitglieder des Magistrats und der Stadtverordnetenversammlung als Zeugen vernommen werden können, hängt von der Entscheidung der Frage ab, ob sie als Partei anzusehen sind oder nicht. Mitglieder der Stadtverordnetenversammlung können vernommen werden, die Stadt wird nicht durch sie vertreten. Wohl aber durch den Magistrat; er ist Partei, und seine Mitglieder können daher nicht als Zeugen vernommen werden.

5.

Das Rathaus ist Gemeindevermögen; die Beschlußfassung darüber liegt der Stadtverordnetenversammlung ob § 49. Vertreten wird sie bei den Kaufverhandlungen durch den Magistrat § 56 Nr. 8. Da es sich um die Veräußerung einer Sache von Kunstwert handelt, ist die Genehmigung des Regierungspräsidenten erforderlich § 50 Nr. 2. Vgl. Zuständigkeitsgesetz § 16. Die Verpflichtung der Gemeinde, die Sachen von Kunstwert zu erhalten, ist zwar im Gesetz nicht ausdrücklich vorgeschrieben, ergibt sich aber daraus, daß zur Veräußerung Genehmigung vorgeschrieben ist, also diese Sachen für besonders wertvoll gehalten werden müssen. (OVG. 43, 416.)

6.

In Betracht kommt das Gesetz betr. die Konflikte bei gerichtlichen Verfolgungen wegen Amts- und Diensthandlungen vom 13. Februar 1854 (Stier-Somlo, S. 171). Die Erhebung steht der vorgesetzten Provinzial- oder der Zentralbehörde, also dem Oberpräsidenten oder dem Minister zu.

Der Regierungspräsident hat in der Provinz die Geschäfte der allgemeinen Landesverwaltung (LVG. §§ 3, 17, 18; Instruktion von 1817 [Stier-Somlo, S. 38] § 2). In Ausübung polizeilicher Befugnisse ist er auch für berechtigt zu erachten, derartige Warnungen zu erlassen, um Gefahren vorzubeugen. Die Feststellung des Oberverwaltungsgerichts ergeht jetzt auf Grund des § 11 EGGVG. Danach ist hier festzustellen, daß der Beamte sich einer Überschreitung seiner Amtsbefugnisse nicht schuldig gemacht habe. (Juristen-Zeitung Bd. XVI S. 287.)

7.

Für die Fälle 7 und 8 kommt in Betracht die Verordnung betr. die Kompetenzkonflikte zwischen den Gerichten und den Verwaltungsbehörden vom 1. August 1879 (Stier-Somlo, S. 466).

Der Minister ist zur Erhebung des Kompetenzkonfliktes gemäß § 5 befugt. Es handelt sich um den positiven Kompetenzkonflikt, da ein Gericht sich schon für zuständig erklärt hat (Einzelthemata 4 und 5). Vgl. §§ 6—11. Die Entscheidung steht dem Gerichtshof zur Entscheidung der Kompetenzkonflikte zu. §§ 1—3, 12 ff. Der Kompetenzkonflikt ist formell begründet. § 4 verlangt, daß ein bürgerlicher Rechtsstreit „anhängig“ sei. Die Rechtshängigkeit tritt zwar im Prinzip gemäß § 263 ZPO. ein; als anhängig ist aber der Rechtsstreit auch bei vorbereitenden Maßnahmen (Arrest, einstweilige Verfügung) anzusehen. Der Konflikt ist auch materiell begründet. Nach allgemeinen völkerrechtlichen Regeln ist ebenso wie der Souverän auch der Staat als solcher exterritorial.

8.

E. ist der Ansicht, daß Gerichte und Verwaltungsbehörden ihre Zuständigkeit verneint hätten, und erhebt daher den negativen Kompetenzkonflikt nach § 21. Bemerkt sei: Gemäß § 56 des Zuständigkeitsgesetzes sind für die hier vorliegende Streitigkeit die Gerichte unzuständig (Ausnahme von § 5 des Gesetzes vom 11. Mai 1842 [Stier-Somlo, S. 69]). Andererseits konnte das Landgericht gemäß § 268 Nr. 3 nicht Klageänderung annehmen. Der Kreisausschuß hat seine Unzuständigkeit mit Unrecht angenommen. Jedenfalls hat das Landgericht sich nicht über die Zuständigkeit ausgesprochen. Dies ist aber nach § 21 notwendig: die Unzuständigkeit muß endgültig ausgesprochen sein. Schon deswegen wird der Gerichtshof den Antrag des E. ohne weiteres zurückweisen, ohne gemäß Abs. 4 die Sache bindend an Gericht oder Verwaltungsgericht zu verweisen. Aber auch die Verwaltungsgerichte müssen „endgültig“ entschieden haben. Daher muß noch das Oberverwaltungsgericht entscheiden; entscheidet dieses wie der Kreisausschuß, ändert sich die rechtliche Beurteilung infolge der Entscheidung des Landgerichts nicht; auch nicht, wenn E. die Rechtsmittelfrist hat verstreichen lassen; wenn dann auch eine „endgültige“ Entscheidung der Verwaltungsgerichte vorliegt.

9.

Die Fälle 9—11 behandeln das Gesetz über die Enteignung von Grundeigentum vom 11. Juni 1874. (Stier-Somlo, S. 432.)

Die Beschränkung des M. in der Benutzung des Baches ist gemäß § 4 geschehen. Gegen die Festsetzung der Entschädigung (Titel II) ist der Rechtsweg zulässig § 30. Die Entschädigung für Beschränkungen bestimmt sich wie die Entschädigung für Entziehung des Grundeigentums § 12. Die Entschädigung besteht nach § 8 in dem „vollen“ Wert; so ist dem M. entsprechend sein ganzer Schaden zu ersetzen, und zum Schaden gehört auch der Gewinn, der durch das Abgehen der Kunden und die Möglichkeit, seinen Betrieb rentabler zu gestalten, entgangen ist (§ 252 BGB.). An den im BGB. über den Ersatz für entgangenen Gewinn aufgestellten Prinzipien wird insbesondere die Frage des Ersatzes für die neuen Einrichtungen zu prüfen sein. Der Rechtsstreit dreht sich nur um die Entschädigung; die Frage der Zweckmäßigkeit ist eine Vorfrage, die bei der Zulässigkeit der Enteignung mitspricht.

10.

Es liegt hier eine dauernde Beschränkung nach § 1 vor, nach § 12 bestimmt sich die Entschädigung bei Beschränkung wie bei Entziehung. Die die Entschädigung behandelnden Paragraphen sind also sinngemäß anzuwenden. In Betracht kommt § 9. Hier ist in Absatz 1 davon die Rede, daß unter der dort gegebenen Voraussetzung (Unmöglichkeit, das Restgrundstück zweckmäßig zu benutzen) die Übernahme des ganzen Grundstücks verlangt werden kann; nach Absatz 3 auch bei Gebäuden, welche teilweise in Anspruch genommen sind; ebenfalls unter der Voraussetzung des § 1. Es kommt daher im wesentlichen darauf an, ob E. bei der ihm auferlegten Beschränkung das Restgrundstück nicht mehr zweckmäßig benutzen kann. Bejaht man dies, so ist sein Antrag gerechtfertigt. Die Entschädigung besteht nach § 8 in dem vollen Wert. Dies ist der normale Handelswert, nicht der Zufallswert, den Herr K. bietet. Dem enteignenden Unternehmer ist nirgends das Recht gegeben, seinerseits Übernahme des enteigneten Grundstücks verlangen zu können. (REZ. 39, 273 ff.)

11.

Auf § 31 kann M. seine Klage nicht stützen. Daß er durch die Enteignung Schaden haben werde, weil er die Wohnung und den Laden verlassen mußte, konnte schon zu Beginn der Enteignung festgestellt werden. § 31 handelt von dem nachträglichen Schaden. Er kann aber seine Klage auf § 11 stützen. Die einfache Ladung des M. genügt gemäß § 25 Abs. 4 (wenn er sich nicht gemäß Abs. 3 als Nebenberechtigter am Verfahren beteiligt hat). Diese öffentliche Ladung hat dieselbe Bedeutung wie die Vorladung an Eigentümer usw. nach Abs. 3. Sie gelten als vertreten, und daher wird auch für sie die Präklusivfrist des § 30 in Lauf gesetzt. M. kann daher nach sieben Monaten nicht mehr klagen, nach fünf gemäß § 11. (ERZ. 24, 205; 28, 262.)

12.

Die Fälle 12 und 13 behandeln die Provinzialordnung vom 29. Juni 1876. (Stier-Somlo, S. 528.) Vgl. §§ 9 ff., 14, 23. Voraussetzung für die Wahl ist nach § 17 Angehörigkeit an die Provinz durch Grundbesitz oder Wohnsitz seit einem Jahr zur Zeit der Wahl. Daher genügt es auch, wenn die Angehörigkeit des E. neun Monate durch Grundbesitz und drei Monate durch Wohnsitz bestanden hat. Rechtsmittel: § 24. Die Klage ist gegen den Provinziallandtag zu richten.

13.

Aufnahme des Darlehens § 37 Nr. 3. Vgl. §§ 58, 87. Die Bank stützt ihre Klage auf einen Formmangel der Urkunde. Nach § 91 muß in der Urkunde der betreffende Beschluß des Provinziallandtages angeführt sein. Das ist hier scheinbar nicht der Fall. Formmangel macht das Rechtsgeschäft nichtig (§ 125 BGB.). Vertreter ist der Landesdirektor § 90 Abs. 3.

14.

Die Fälle 14—17 behandeln die Kreisordnung vom 13. Dezember 1872 (Stier-Somlo, S. 477). Vgl. § 106 Nr. 1, § 8. K. ist verpflichtet, das unbesoldete Amt des Kreistagsabgeordneten zu übernehmen. Zur Ablehnung berechtigt nur „anhaltende" Krankheit. Diese ist nicht dargetan. Der Beschluß des Kreistags rechtfertigt sich aus § 8 Abs. 5. Allerdings kann ablehnen, wer 60 Jahre alt ist (Abs. 2 Nr. 3), doch hat damit die Strafmaßregel des Abs. 5 nichts zu tun. Daß K. sich jetzt bereit erklärt, das Amt anzunehmen, kann auf die Entscheidung des Bezirksausschusses keinen Einfluß haben, denn dieser hat nur zu entscheiden, ob der Beschluß des Kreistages zu der Zeit, als er gefaßt wurde, berechtigt war. Die Klage ist innerhalb von zwei Wochen gegen den Kreistag zu richten § 8 Abs. 6. (OVG. 13, 209.)

15.

Dem Amtsvorsteher liegt die Wegepolizei ob § 59, 1. Wegen der Rechtsmittel des E. vgl. § 56 des Zuständigkeitsgesetzes. E. beruft sich auf § 57 Abs. 5. Der Amtsvorsteher ist nach dem Sachvortrag als beteiligt anzusehen; denn auch, wenn seine Verfügung feststellen will, daß der Weg ein öffentlicher ist, so ist darin doch enthalten, daß auch A. ihn benutzen kann, und gerade darüber schwebt der Prozeß. Die Unterschrift seines Stellvertreters macht die Verfügung nicht gültig; einmal kann sie nur immer von einem unterschrieben werden, dem Amtsvorsteher oder seinem Stellvertreter, dann kann B. nicht in Betracht kommen, weil auch er interessiert ist, und schließlich ist für die Fälle, in denen der Amtsvorsteher persönlich verhindert ist, stets ein besonderer Stellvertreter vom Kreisausschuß zu bestellen (Abs. 5); der gewöhnliche Stellvertreter ist dann gar nicht legitimiert. (OVG. 38, 224.)

16.

Vgl. aus dem zitierten Disziplinargesetz (Stier-Somlo, S. 111) §§ 2, 14. Der Landrat ist nicht berechtigt, eine

„Ordnungsstrafe“ von 50 M. festzusetzen; solche kann er nur bis zu 9 M. erlassen § 19 Abs. 2. Gegen die „Ordnungsstrafe“ gibt es nur Beschwerde § 21 (kein Verwaltungsstreitverfahren). Der Beschwerde des Bürgermeisters muß stattgegeben werden, da der Landrat formell unrichtig verfahren ist. Prinzipiell ist er aber berechtigt, Zwangsmaßregeln zu ergreifen und Strafen festzusetzen. Das ist ein Ausfluß seines Aufsichtsrechtes, das ihm nach § 77 Abs. 2 der Kreisordnung zusteht. Der Landrat hat zuerst eine „Zwangsstrafe“ angedroht. Hierzu ist er nach § 132 LVG. berechtigt. (Die Androhung muß vor der Festsetzung erfolgen.) Die Höhe der „Zwangsstrafe“ ist gesetzmäßig: § 132, 2 c LVG. Diese hätte er dann festsetzen müssen (also als Zwangs-, nicht als „Ordnungsstrafe“). Gegen die Festsetzung der Zwangsstrafe findet nach § 133 Abs. 2 LVG. ebenfalls nur Beschwerde statt. Dagegen hätte der Bürgermeister gegen die Androhung das Rechtsmittel der Klage beim Oberverwaltungsgericht gehabt, wenn er vorher sich beim Regierungspräsidenten und Oberpräsidenten erfolglos beschwert hätte (§ 127 b Abs. 2) oder gemäß § 128 LVG. Dann hätte das Gericht auf die Frage der Baufälligkeit nicht eingehen können, da es sich lediglich um die Frage handelt, ob der Landrat im Prinzip berechtigt ist, Zwangsmittel gegen den Bürgermeister zu ergreifen. Auch der Irrtum würde den Bürgermeister nicht befreien; er muß wissen, wie die Gesetze auszulegen sind. — Neben der Zwangsstrafe des Landrates hätte auch der Regierungspräsident eine Ordnungsstrafe festsetzen können; auch gegen diese wäre das Verwaltungsstreitverfahren möglich gewesen. (§ 20 Zuständigkeitsgesetz, vgl. § 36.) (OVG. 31, 433; 16, 407.)

17.

Vgl. Kreisordnung §§ 84, 85, 94. Juristische Personen — die Universität ist eine solche — beteiligen sich durch Stellvertreter § 97 Nr. 2. Für die Berechtigung der Stellvertreter, zu wählen, ist § 97 letzter Absatz zu beachten. Der Pächter kann nur einmal seine Stimme in demselben Wahlverband abgeben, entweder für sich oder für die Universität § 95 Abs. 2. In einem anderen Wahlverband kann er stimmen, sowohl im Wahlverband der größeren Grundbesitzer wie im Wahlverband der Landgemeinden (§ 98).

18.

Die Fälle 18—21 behandeln das Gesetz über die Zuständigkeit der Verwaltungs- und Verwaltungsgerichtsbehörden vom 1. August 1883. (Stier-Somlo, S. 600.)

In Betracht kommt § 19; es liegt eine sog. Zwangsetatisierung vor. Nach allgemeinen Regeln ist die Schule verpflichtet, für ordnungsgemäßen Unterricht zu sorgen; Bestimmungen darüber trifft das Provinzialschulkollegium. Die Stadt muß daher die entstandenen Beträge an die Vertreter auszahlen. Ihr erster Einwand ist jedoch zutreffend. Die „Zwangsetatisierung“ ist eine Form der Zwangsvollstreckung. Zwangsvollstreckung kann es aber nur dann geben, wenn die geschuldete Leistung noch nicht erbracht ist; sie kann nicht mehr betrieben werden, wenn beispielsweise der gepfändete Gegenstand vom Pfandschuldner zurückverlangt wird. Daher ist auch die Zwangsetatisierung der gezahlten 450 M. unzulässig. (OVG. 37, 179; 40, 123.)

19.

In Betracht kommt § 56. Zu beachten ist, daß gegen Anordnungen der Wegebaupolizeibehörde stets erst der Einspruch einzulegen ist. Erst nach Beschluß über den Einspruch greift die Klage im Verwaltungsstreitverfahren Platz. Gegenstand der Klage ist stets die einzelne Anordnung der Wegebehörde. Aus der Konsequenz dieses Satzes ergibt sich die Beantwortung der Fragen. Gegenstand der jetzigen Klage ist die neue Aufforderung, daher die exceptio rei judicatae unzulässig. Daher kann auch nur der Antrag auf Aufhebung der Verfügung gestellt werden, der Antrag E.s ist unzulässig. Auch der letzte Satz des Abs. 4 macht ihn nicht zulässig, denn die Entscheidung über die Öffentlichkeit des Weges ist nur ein Punkt, nicht die Hauptsache. Schließlich kann E. bei erneuter Rücknahme die Entscheidung im Verwaltungsstreitverfahren nicht verlangen, weil

Grundlage hierfür ein Beschluß über einen Einspruch ist, der gegen eine Verfügung gerichtet ist. An einer solchen fehlt es hier. (OVG. 35, 286; 58, 326.)

20.

In Betracht kommt § 47. Unrichtig ist, daß ein Beschluß der Schulaufsichtsbehörde erforderlich sei, dieser kommt nur für den Fall des Abs. 1 in Betracht. Auch sind die Mietkosten als Unterhaltungskosten anzusehen, weil naturgemäß während des Baues die Unterbringung in einem Miethause erforderlich ist. Nach Abs. 3 unterliegen auch Streitigkeiten der Beteiligten darüber, wem die öffentlich-rechtliche Verpflichtung obliegt, der Entscheidung im Verwaltungsstreitverfahren. Wenn der Fiskus behauptet, daß G. allein öffentlich-rechtlich verpflichtet ist, so macht es keinen Unterschied, ob er etwa eine dahingehende Feststellungsklage im Verwaltungsstreitverfahren erheben würde oder ob er nach Zahlung die condictio erhebt. Auch hierfür ist das Verwaltungsgericht als zuständig anzusehen. (OVG. 23, 132.)

21.

Vgl. Zuständigkeitsgesetz §§ 127 ff.; Gewerbeordnung §§ 64 ff Die Ortspolizeibehörde ist zuständig. Nach § 128 Zuständigkeitsgesetz setzt der Bezirksausschuß Zahl, Zeit und Dauer der Märkte fest. Die Bestimmung des Ortes ist gemäß § 69 Sache der Ortspolizeibehörde (im Einverständnis mit der Gemeindebehörde); bei der fraglichen Anordnung handelt es sich aber in erster Linie um den Ort. (OVG. 15, 366.)

22.

Die Fälle 22—27 behandeln das Gesetz über die allgemeine Landesverwaltung vom 30. Juli 1883. (Stier-Somlo, S. 553.)

Die Zuständigkeit für das Verwaltungsstreitverfahren bestimmt sich allgemein nach § 57. Unter Grundstücken sind auch Wege und Brücken zu verstehen. Die Brücke liegt in mehreren Bezirken, daher ist nicht der Kreisausschuß des B. zuständig, auch nicht, wenn A. nur die Hälfte einklagt, vielmehr ist die zuständige Behörde nach § 58, 1 durch den Bezirksausschuß zu bestimmen. Daß daneben Prorogation zulässig sei, erwähnt das Gesetz nicht, man muß es daher verneinen. Die Unzuständigkeit ist von Amts wegen zu beachten. (OVG. 45, 259; 42, 163).

23.

Die Zwangsvollstreckung im Verwaltungsstreitverfahren regelt § 60. Die Vollstreckung ist hier dem Vorsitzenden des Gerichtes erster Instanz überlassen, d. h. dem Vorsitzenden als solchem, nicht in seiner sonstigen amtlichen Eigenschaft. Vorsitzender des Kreisausschusses ist der Landrat (§ 131 der Kreisordnung). Für diese seine Eigenschaft als Vorsitzender ist er unabhängig betreffs der Maßregeln, die er verfügt. Die Aufsicht nach § 48 kann sich nur auf die äußere Geschäftsführung beziehen, die Bestimmung des § 50 Abs. 3 nur Anwendung finden, wo nicht eine besondere Vorschrift entgegensteht. (OVG. 30, 441.)

24.

Vgl. § 18 des Zuständigkeitsgesetzes. Für die Ablehnung von Gerichtspersonen im Verwaltungsstreitverfahren sollen die Vorschriften der ZPO. „sinngemäße" Anwendung finden; in Betracht kommen §§ 41—49 ZPO. Es kommt dem Gesetze darauf an, zu verhüten, daß dieselbe Person Parteihandlungen vornehme und richte. M. nimmt Parteihandlungen vor, wenn er auch nicht selbst Partei ist — denn Partei ist der Magistrat — wenn er auch nicht Bevollmächtigter ist, noch Beistand, noch gesetzlicher Vertreter. Er ist Mitglied einer kollegialischen Behörde und berät deren Maßnahmen mit; er hat sogar den Schriftsatz unterschrieben. Die „sinngemäße", nicht direkte Anwendung der Vorschriften der ZPO. schließt ihn vom Richteramt aus. Rechtsmittel des B. § 62 Abs. 2; M. hat kein Rechtsmittel. (OVG. 16, 428.)

25.

Vgl. § 56 des Zuständigkeitsgesetzes. Im Verwaltungsstreitverfahren ist mündliche Verhandlung nicht in allen Fällen obligatorisch; vgl. §§ 63 ff. und Einzelthemata 16. Das Gericht kann insbesondere im Falle des § 67 ohne mündliche Verhandlung durch Bescheid entscheiden. Wenn es aber eine Beweisaufnahme anordnet — §§ 76 ff. — so kann es dann nicht mehr entscheiden, ohne die Parteien zu hören. Dies ergibt sich einmal daraus, daß § 67 nur von Erklärungen der Parteien, nicht von einer Beweisaufnahme, spricht; dann daraus, daß nach § 77 die Parteien sogar zur bloßen Beweiserhebung zu laden sind, schließlich daraus, das § 79 die Abwesenheit der Partei als den von der Regel abweichenden Fall bezeichnet. (OVG. 12, 64.)

26.

Die Ortspolizeibehörde trifft die Verfügung auf Grund des § 10 ALR. II, 17, um die Bürger vor Krankheiten zu schützen. Gegen die Festsetzung einer Zwangsstrafe ist die Beschwerde zulässig § 133 Abs. 2. Der Festsetzung der Strafe soll eine „schriftliche" Androhung vorausgehen § 132, 2. Als solche ist das hier eingeschlagene Verfahren nicht zu bezeichnen. Durch das Protokoll steht nur fest, daß dem D. mündlich die Strafe angedroht ist. Die Strafe ist auch zu hoch § 132, 2a. Da es auf die Zuwiderhandlung als solche ankommt, kann nur jeder „Fall" der Zuwiderhandlung bestraft werden. Ob der Gesellschaft als solcher eine Geldstrafe angedroht werden kann, kann zweifelhaft sein; eine Haftstrafe kann ihr kaum angedroht werden. Träger der Polizeipflicht ist auch der Leiter, es könnte auch der Inhaber verantwortlich gemacht werden. Vgl. Polizeirecht Einzelthemata Nr. 7. (OVG. 4, 394; 42, 240.)

27.

Nach § 143 bedürfen ortspolizeiliche Vorschriften in Städten der Zustimmung des Gemeindevorstandes, soweit sie nicht zum Gebiete der Sicherheitspolizei gehören. Zu entscheiden ist also, ob die hier vorliegende Polizeiverordnung zum Gebiet der Sicherheitspolizei gehört. Dies ist nicht anzunehmen. Die Sicherheitspolizei hat die Aufgabe, die Rechtsordnung vor drohenden Angriffen zu bewahren. A. ist im Recht. (Deutsche Juristen-Zeitung Bd. XV S. 1358.)

28.

Die Fälle 28—31 behandeln die Landgemeindeordnung vom 3. Juli 1891 (Stier-Somlo, S. 755 vgl. S. 207, 267, 340).

Der Beschluß der Gemeindevertretung ist auf Grund des § 66 Nr. 1 ergangen; E. erhebt Klage gemäß § 67 Abs. 2. Daß die Gemeindevertretung über den Verlust unbesoldeter Gemeindeämter zu beschließen habe, ist in § 66 nicht ausdrücklich gesagt (vgl. z. B. Kreisordnung §§ 51a, 113). Sie beschließt aber über Verlust des Gemeinderechts und damit hängt nach § 43 die Ausübung eines unbesoldeten Gemeindeamtes zusammen. Somit ist der Beschluß formell zulässig. Er ist aber unbegründet. Die wesentlichen Erfordernisse der §§ 43, 41 sind nach wie vor erfüllt. Es genügt, wenn von den unter § 43 Nr. 6 genannten Voraussetzungen eine, nämlich hier sicherlich c zutrifft (a ist weggefallen). Die Vorschrift des § 52 ist nur grundlegend für die Wahl selbst (vgl. Abs. 2); nachträgliche Änderungen sind für die Vorschrift dieses Paragraphen bedeutungslos.

Die Übertragung an den Sohn steht der Vererbung gleich; das Wohnhaus besitzt dann der Sohn. Für E. erlischt das Amt (wenn c nicht mehr zutrifft) vgl. § 41 Abs. 4. Wenn E. seinen Wohnsitz aufgibt, erlischt sein Amt § 43 Abs. 1. (OVG. 26, 102).

29.

Vgl. § 9. Zur Benutzung der Einrichtungen berechtigt sind die Gemeindeangehörigen § 8. Angehörig ist, wer einen „Wohnsitz“ hat, § 7. Juristische Personen können keinen „Wohnsitz“ haben, insbesondere nicht im Sinne der Landgemeindeordnung. Vgl. den Text des § 7 Abs. 2. Juristische Personen haben einen „Sitz“. Die juristischen Personen haben nur den Anteil an der Gemeinde, den ihnen das Gesetz ausdrücklich gibt, z. B. das Stimmrecht § 45. Weitere Schlüsse kann man daraus nicht ziehen. Allerdings darf hier der Gemeindevorsteher keine Zwangsmaßregeln androhen. Die ihm nach § 132 LVG. zustehende Zwangsgewalt hat er nur in Wahrnehmung obrigkeitlicher Geschäfte (vgl. §§ 88, 90, 91), nicht, wenn er wie hier als Vertreter der Gemeinde handelt. (OVG. 41, 165.)

30.

§ 113. § 69 Abs. 3 unterscheidet: Gemeindegliedervermögen und Gemeindevermögen. Das erste enthält diejenigen Vermögensstücke, deren Nutzungen den Gemeindeangehörigen (oder bestimmten Klassen) zustehen; das zweite umfaßt die Vermögensstücke, deren Eigentümer die Gemeinde als juristische Person des öffentlichen Rechts ist. Die Umwandlung von Gemeindegliedervermögen in Gemeindevermögen bedarf der Genehmigung des Kreisausschusses. Die Klage im Verwaltungsstreitverfahren wäre nur unter den Voraussetzungen des § 71 Nr. 2 möglich; die Vieh haltenden Gemeindeglieder sind aber im Gegensatz zu den nicht Vieh haltenden nicht als besondere Klasse anzusehen, deren Einwilligung nach § 69 Abs. 3 erforderlich wäre.

31.

Vgl. § 122 ff. Mit dem Besitz des selbständigen Gutes ist die Pflicht, die obrigkeitlichen Befugnisse selbst oder durch einen Vertreter auszuüben, verbunden. Sie gehen auf den Käufer über, auf den Pächter nicht. Bei Hinterlassung an die Söhne (wenn diese sich nicht einigen), Fortsetzung der Gütergemeinschaft durch die Frau mit volljährigen oder minderjährigen (vgl. § 1487 BGB.: die Frau tritt an die Stelle des Mannes), Verkauf an die Molkereigenossenschaft, muß ein Vertreter bestellt werden § 124 Nr. 1. Ebenso, wenn E. sich die Hälfte des Jahres in der Kreisstadt aufhält § 124 Nr. 2. Die Zuschreibung nach § 890 Abs. 2 ändert an der öffentlich-rechtlichen Stellung des Grundstückes nichts; es bleibt selbständiges Gut.

Einzelthemata.

1.

Die Selbstverwaltung ist abzugrenzen von der „Staatsverwaltung“. Diese ist ein Ausfluß der Staatsgewalt (neben Gesetzgebung und Rechtsprechung). Verwaltung ist zu definieren als die Tätigkeit des Staates zwecks Durchführung staatlicher Aufgaben. Diese werden aber am besten nicht immer von den staatlichen Behörden selbst gelöst; lokale Interessen erfordern die „Selbstverwaltung“, d. h. die Verwaltung eigener Angelegenheiten von innerhalb des Staates bestehenden Verbänden, insbesondere Kommunen und Kommunalverbänden, durch eigene Beamte dieser Verbände (wirtschaftliche Selbstverwaltung, Kommunalverwaltung im e. S.). Davon zu scheiden ist die obrigkeitliche Selbstverwaltung, bei der staatliche Verwaltungsgeschäfte an Laien im Ehrenamt übertragen sind. (Meyer-Anschütz, § 106.)

2.

Selbstverwaltung ist hier Kommunalverwaltung. Vgl. § 9 d. G. Alle Gemeindeangelegenheiten werden nach näherer Vorschrift von der Stadtverordnetenversammlung und dem Magistrate, als Vertretern der Stadt, besorgt. §§ 10, 35, 56. Vgl. § 11. Daneben bleibt allerdings dem Staate ein Aufsichtsrecht § 7 des Zuständigkeitsgesetzes; vgl. auch § 50 d. G. Die Staatsverwaltung ist dem Bürgermeister übertragen § 62.

3.

Verwiesen sei auf § 2 d. G. und § 9 des Zuständigkeitsgesetzes. Über die Vereinigung mehrerer Stadtgemeinden ist nichts gesagt, gewöhnlich wird Königliche Verordnung erfordert. Inwieweit öffentlich-rechtliche Normen der Stammgemeinde (Statuten, Polizeiverordnungen) sich auf das eingemeindete Gebiet erstrecken (ohne besondere Einführung) ist streitig.

4.

Die Bedeutung ergeben die Fälle 6—8; man darf Konflikt und Kompetenzkonflikt nicht verwechseln. Konflikt: die strafrechtliche oder zivilrechtliche Verfolgung eines Beamten kann von einer Vorentscheidung abhängig sein; vgl. das Gesetz von 1854 und EGGVG. § 11. Zur Entscheidung berufen ist das Oberverwaltungsgericht. Früher entschied in Preußen der durch Gesetz von 1847 gebildet „Gerichtshof zur Entscheidung von Kompetenzkonflikten“ auch über Konflikte. Kompetenzkonflikt: Gerichte und Verwaltungsbehörden oder Verwaltungsgerichte streiten über die (oft zweifelhafte) Frage der Zuständigkeit. Positiver Kompetenzkonflikt: beide halten sich für zuständig § 4 ff; negativer Konflikt: beide halten sich für unzuständig § 21. (Meyer-Anschütz, § 181.)

5.

Positiver Kompetenzkonflikt: der Gerichtshof entscheidet darüber, ob das Gericht oder die Verwaltungsbehörden zuständig sind. Erklärt es den Konflikt für begründet, so sind die Verwaltungsbehörden, erklärt es ihn für unbegründet, so ist das Gericht gebunden § 4. Negativer Kompetenzkonflikt: der Gerichtshof entscheidet darüber, wer zuständig ist und verweist den Streit an diese Instanz zurück. Diese ist gebunden § 21.

Schließlich kann der Kompetenzkonfliktsgerichtshof auch die Erhebung des Konflikts für unzulässig erachten, weil wesentliche Formvorschriften verletzt sind.

6.

In Betracht kommt das Gesetz betr. den Austritt aus der Kirche vom 14. Mai 1873 (Stier-Somlo, S. 430.) Voraussetzungen: Antrag beim Amtsgericht § 2; Austrittserklärung § 1. Wirkung: Befreiung von Abgaben § 3.

7.

Enteignung kann nur aus Gründen des öffentlichen Wohls durch Königliche Verordnung stattfinden und nur gegen vollständige Entschädigung. Enteignung ist Entziehung oder Beschränkung des Grundeigentums § 1, 2 des Enteignungsgesetzes. Verfahren Titel III. 1. Feststellung des Plans und Auslegung im Gemeinde- oder Gutsbezirke. Einwendungen entscheidet der Bezirksausschuß; gegen die Entscheidung Rekurs an den Minister der öffentlichen Arbeiten. 2. Feststellung der Entschädigungssumme; dagegen Rechtsweg. 3. Enteignungsbeschluß. Wirkung: Mit Zustellung des Beschlusses geht das Eigentum an den Unternehmer über (ohne Eintragung im Grundbuch).

8.

Die Themata 8—14 sollen dazu dienen, die in Betracht kommenden Gesetzesstellen nachzulesen. Kommunalverwaltung der

Provinz: Provinziallandtag (Provinzialordnung §§ 9—44), Provinzialausschuß §§ 45—61, Landesdirektor §§ 87—98. Staatsverwaltung: Oberpräsident; Provinzialrat, (Landtagsverwaltungsgesetz §§ 8—9; 10—15).

9.

Kommunalverwaltung: Landrat, Kreisausschuß, Kreistag (Kreisordnung §§ 136, 137; 130 ff; 84—126). Staatsverwaltung: Landrat (Landesverwaltungsgesetz §§ 36—39, Kreisordnung § 74—77), Kreisausschuß 130 ff.

10.

K.: Magistrat, Stadtverordnetenversammlung (Städtordnung §§ 29—34, 56—63; 12—28, 35—55), St.: Bürgermeister § 62, Stadtausschuß LVG. §§ 37 ff.

11.

K.: Gemeindevorsteher, Gemeindevertretung (Gemeindeversammlung) Landgemeindeordnung §§ 74—91; 49—67; 102—116, St.: Gemeindevorsteher § 88.

12.

K. St.: Gutsvorsteher. Landgemeindeordnung §§ 122 ff.

13.

Die Regierungsbezirke sind nur staatliche Verwaltungskörper. Regierungspräsident §§ 17—27 LVG., Bezirksausschuß §§ 28—35.

14.

Ebenso die Amtsbezirke: Amtsvorsteher Kreisordnung §§ 56—68. Amtsausschuß §§ 51—55 b.

15.

Rechtskontrolle der Verwaltung bedeutet, daß nach modernem Recht auch die Anordnungen der Verwaltungsbehörden durch Rechtsmittel angefochten werden können, daß es bestimmte Rechtsbehelfe gegen sie gibt (vgl. Nr. 17). Hier entscheiden zwar nicht die ordentlichen Gerichte, wohl aber bestimmte Behörden, die den Gerichten ähnlich organisiert sind und in einem dem ihren ähnlichen Verfahren (Nr. 16). Welche Ansprüche vor die ordentlichen Gerichte gehören, sagt GVG. § 13. (Meyer-Anschütz, § 182.)

16.

Das Prinzip des beiderseitigen Gehörs, das den Zivilprozeß beherrscht, ist im Verwaltungsstreitverfahren eingeschränkt, möglich ist das Verfahren nach § 64 Abs. 2 LVG. Ebenso kann die Klage a limine abgewiesen werden LVG. § 64 Abs. 1. Die Verhandlungsmaxime, die den Richter an die Erklärungen der Parteien bindet, gilt im Verwaltungsstreitverfahren nicht. Vgl. § 79. Das Gericht nimmt von Amts wegen Beweise auf § 76. Mündlichkeit ist nicht erforderlich § 67. Öffentlichkeit auch hier § 72. Vgl. überhaupt LVG. § 61—81.

17.

Die Verfahrensarten finden ihre Grundlagen im Landesverwaltungsgesetz und Zuständigkeitsgesetz. Die Arten sind: Verwaltungs-, Beschluß-, Verwaltungsstreitverfahren LVG. §§ 50 ff. Verwaltungsverfahren LVG. §§ 50, 54. Beschlußverfahren §§ 115 ff. (Kreisausschuß, Bezirksausschuß, Provinzialrat) Verwaltungsstreitverfahren LVG. §§ 61 ff. (Kreisausschuß, Bezirksausschuß, Oberverwaltungsgericht.)

18.

Zwangsetatisierung bedeutet die zwangsweise Einstellung in den Etat. Diese liegt der Staatsgewalt als Aufsichtsbehörde über die Selbstverwaltungskörper ob, und ist das Mittel, diese zur Erfüllung der ihnen privatrechtlich (bestritten) oder öffentlich-rechtliche obliegenden Pflichten zu zwingen. Die Zwangsetatisierung wirkt so, als wenn von dem Verwaltungskörper die betr. Summe freiwillig in den Etat eingestellt worden wäre. Vgl. Fall 18 und Kreisordnung § 180, Zuständigkeitsgesetz § 19.

Druck von C. Schulze & Co., G. m. b. H., Gräfenhainichen.

FSC
www.fsc.org
MIX
Papier | Fördert
gute Waldnutzung
FSC® C083411

Kolibri 360 GmbH
Ferdinand-Jühlke-Straße 7
99095 Erfurt, Deutschland
produktsicherheit@kolibri360.de